El n

A

by

Perry Barinowski
Ashlee' Bell
Jacob Bonitatibus
Patricia L. Bustinza Rojas
Giselle G. Chavez
Jasmine Cole
Alejandra Concepción
Marcia E. Diehl
R. Gabriel Fóral
Victoria Forsmark
Faith Gadson
Laura Garza
Carol L. Giardina
Damian Green
Carol Joseph
Maximiliano Lozano
Johnathan Paul Lynn
Ana L. Mena
Lexie Mosley
Lejla Mujadzic
Erin Newark
Rebecca Rowland
Mason Ryals
Khristina N. Salazar
Siera Sisson
Allyson Smith
Adi Thiru
Tara M. Watts
Colton Williams

This book was published with the support of:
Augusta University's Departement of English and Foreign Languages.

Articoli Liberi
FREE DISTRIBUTION TO SCHOOLS

Editing by Giada Biasetti

El misterio de Santa Caterina is the outcome of a semester-long collaborative project in Professor Giada Biasetti's Spanish Translation class that came about as a result of Frank Iodice's participation in Augusta University's Writers Weekend and his class visits. The students translated two chapters of *A Perfect Idiot* in collaboration with the author. This edition includes both the Spanish and the English versions.

The original novel was published in Italian as *Un perfetto idiota.*

The other short stories are the result of the talent, commitment, and hard work of the students taking Professor Biasetti's Spanish Composition class.

ISBN: 978-2-491229-00-9
• Cover art: © 2019 Fernando Cobelo
www.fernandocobelo.com

For more information about our multilingual projects visit:
www.articoliliberi.com

We Like Nice Books

"Vladimir: Well, shall we go?
Estragon: Yes, let's go.
They don't move".

Samuel Beckett, *Waiting for Godot*

El misterio de Santa Caterina[1]

Rosario Rossi era una amable señorita argentina con pelo amarillo como muebles antiguos. Después de ofrecerme ayuda, ella me hizo prometer que la mantendría al día y le daría noticias de lo que estaba haciendo porque esta es la manera en que las personas ancianas pueden disfrutar de viajes largos sin salir de casa. Yo nunca había tenido una madre a quien dar noticias mías. Yo crecí sin tener la noción de lo que era una noticia. Todo sucedía por una razón. Una bella teoría, cuando pienso que no era capaz de tomar una decisión sobre mi vida conyugal o extraconyugal, con la consecuencia inevitable de que estaba destruyéndolo todo.

Rosario me había asegurado de que en Nápoles yo encontraría personas que podrían utilizar mi ayuda. Así que regresé al tren y me fui para Padua, adonde encontraría a Vito Palladino, el cura parroquiano que estaba organizándolo todo. Tendría que omitir el hecho de que yo no había entrado a una iglesia por unos treinta años. Yo no quería volver a ser un guardián en otro lugar como el hogar de crianza en Sospel, el cual me perseguía en la forma más peligrosa que un objeto o persona podía asumir: *la memoria.* ¿Que podría hacer yo al respecto si aquellos pobres niños estaban allá arriba y a nadie le importaba llevarlos de vuelta?

---

[1]The English version starts at page 71.

Los trenes expresos regionales de la compañía francesa, mejor conocidos por la abreviación TER, no apestan o no se quiebran todo el tiempo, pero esconden sorpresas inesperadas. Yo viví en Niza por muchos años evitando las sorpresas traídas por el TER. Esta vez, por razones ya mencionadas, yo decidí hacer las cosas de manera diferente.

Subí a bordo mientras el altoparlante repetía: *assurez-vouz-de-n'avoir-rien-oublié-dans-le-train.*

Hacer lo que no deberías hacer es un buen problema, porque después de un tiempo no sabes a quien estás viendo cuando te miras en el espejo. Yo perdí quince años de esta manera, trabajando en el lugar equivocado. Era mejor pensar en esto al menos: Yo no había aprendido nada de otros trabajos, yo no pintaba yo no vendía, yo no enseñaba, *no*, así es como resumiría mi situación. Todo mi ser estaba en aquel *no*. Yo no era. Yo no hacía. Yo *no*.

Lunes por la noche, 8:00 p.m.

Estaba en Padua, rodeado por docenas de estatuas de Papas. Las campanas de por lo menos tres iglesias estaban repicando y las estatuas bailaban felices.

Don Vito trabajaba en la Biblioteca de Ciencias Estadísticas en Via Cesare Battisti, una pequeña calle llena de arcos en el centro de la ciudad. Ellos abrían a las ocho de la mañana, así que yo pasé la noche en un hotel barato cerca de la Facultad de Teología. La puerta del frente del hotel era justo en la esquina de una calle lateral. Túnicas negras entraban y salían, una pequeña tienda vendiendo prendas sagradas y zapatos de cuero de becerro brillaba bajo los arcos. Estaba rodeado por sacerdotes y aspirantes: había en realidad un seminario lleno de muchachos listos para emprender aquel camino. Se parecía a una línea de montaje.

Me puse cómodo en un cuarto en el segundo piso del gran edificio, un ex convento transformado en dormitorios, un lugar que me hubiera dado escalofríos si yo lo hubiera mirado a la luz de ciertas memorias…

Venir acá solo para hablar sobre Nápoles con un sacerdote que yo nunca había visto antes parecía un poco loco, no tanto por el hecho en sí, pero porque yo no tenía ni un centavo, tal vez ni siquiera suficiente para pagar por el cuarto.

Aún era verano en muchas partes de la ciudad, excepto los callejones más estrechos, adonde, sin embargo, yo no tenía necesidad de ir.

Cuando yo era niño, no había tantas reglas como había en la Casa Amarilla, besos prohibidos, horarios para tener hambre, otros para tener sed.

Después de la desaparición de mis padres, que murieron bajo los escombros de su proprio apartamento (aún por pagar), tuve que sobrevivir por mí mismo. La explosión fue culpa de un anciano en el segundo piso, que dejó la válvula del gas abierta toda la noche. Cuando el primer interruptor fue prendido en la mañana siguiente, que fue justo el del baño de mis padres, el edificio entero se desplomó. No hubo sobrevivientes, excepto yo.

Me pusieron en algún otro lugar. Ni siquiera me acuerdo quien me contó todo por primera vez, porque yo debí haber sido muy pequeño cuando eso pasó. Sin embargo, leí sobre ello en muchos artículos de periódicos, los cuales Rosario, creyendo que estaba haciendo un acto de amor, había paulatinamente cortado y coleccionado. El amor funciona así, todos tratan a su manera. Y así es como una prostituta de setenta años puede volverse tu madre adoptiva.

Durante los primeros años, hubo algunos momentos de delirio nocturno cuando me convencí de que ella *era* mi madre, y, como ella estaba avergonzada de ello, había preferido inventarlo todo y escoger una página al azar de una crónica del folclore de Nápoles, no sin ideas interesantes, para decidir a quién revelar la identidad de los padres. Viví cuarenta años sin saber quiénes eran mis padres. Solamente el protagonista de una telenovela suramericana podría haber entendido cómo me sentía.

Me llevaron a un hogar de crianza, una especie de institución pública en un edificio del siglo dieciocho en Via Leopardi, no muy lejos de Posillipo, en frente al rojo atardecer de mi ciudad. Era el atardecer del fuego sagrado, el mismo que fluía bajo tierra y se difundía en formas reflejadas e invisibles a través del aire que respirábamos. Mi gente estaba toda en aquel fuego, era parte de él. No había nadie de Nápoles que era inmune al calor psicológico del Vesubio. A pesar del calor psicológico, el lugar adonde yo vivía era húmedo. Me acuerdo del escalofrío que sentí cuando llegué, pero tal vez yo había traído el frío conmigo, un pequeño transportador de escalofríos. Los trabajadores sociales me pusieron en los brazos de una monja (las monjas, todas peludas y gordas, manejaban el lugar) y ella me acarició el rostro. Su mano era áspera, su aliento apestaba como el agua estancada en los jarrones de rosas en frente a las estatuas de los santos.

–¿Cómo te llamas, niño hermoso? –la monja me preguntó. Yo no respondí.

En relación con Nápoles y mi infancia, hay muchos detalles que puedo revelar. Recuerdo todo con una claridad cierta, aunque, me doy cuenta de que pasé todo aquel tiempo intentando olvidarlo. Recuerdo las calles ruidosas, los tumultos entre los puestos de los mercadillos, la música hecha arrastrando las últimas sílabas de las palabras, la lucha en contra de la monotonía diaria gracias a lo poco que los otros chicos y yo poseíamos: nuestra boca y nuestras manos. Nápoles era, por consiguiente, una cuna de las fuerzas humanas y marinas, y podía sentirlo, solamente tenía que escuchar a las calles. Tus huesos y no tus orejas, sabían cómo escuchar. Eran los huesos que se forjaban con la música de mi ciudad, desde los callejones de Forcella hasta los monstruos de cemento del centro comercial.

La vida para un niño como yo, no parecía que sería fácil. No tendría un cuerpo sano con largas extremidades, ni el pelo grueso y lleno de luz. No sería alimentado con comida sana, ni pasaría el rato en centros de atletismo con equipos de polo acuático, ni en los gimnasios, mucho menos las bibliotecas. En Nápoles, no podría jamás llevar a todos lados un libro sin ser ridiculizado por otros chicos, porque los otros chicos detestaban a alguien que se rebelaba contra la resignación.

Comencé a refugiarme en la lectura. Leía los cuentos de otros porque no me gustaba el mío, y tenía la inocente ilusión de que podría escaparme de él. El escape es el sueño de los pobres. Obtenía las novelas por los autores extranjeros en el mercado Resina en Herculaneum. Era un lugar enorme, especialmente para un niño. Podía quedarme por días enteros. Recuerdo que los contenedores enormes llegaban, llenos de ropas usadas. Dentro de las chaquetas y abrigos alemanes, y los uniformes americanos, franceses, e ingleses, podía encontrar todo tipo de cosas, relojes, postales, bolígrafos, gafas, de propiedad de quienquiera que hubiera usado aquella ropa, sin sospechar que un día un grupo amorfo de chicos las inspeccionaría. Con la avidez de los hambrientos, registrábamos todo. Los otros buscaban dinero. Yo buscaba libros.

Para mí, solamente sintiendo el olor de la ropa vieja (que en napolitano se llama *pezze)* era suficiente para imaginarme de irme algún día. A veces, dentro de los bolsillos, había libros viejos, me los apropiaba sin tener que competir por ellos. Eran cosas que casi nunca se vendían, que podías llevarte por pocos centavos. Era pequeño y sucio, pasaba inadvertido debajo de los puestos de los vendedores quienes cantaban como los gallos. Inventaban canciones para atraer los clientes y las chicas bellas que pasaban. La mujer era una musa inspiradora, un pilar que soportaba aquella sociedad. Cargaba un saco conmigo, una bolsa robada a las hermanas y la llenaba con todas las cosas que podía cargar en mi espalda. Me enamoraba de las cubiertas de los libros como aquellas en las ediciones primeras de Molinard, sin dibujos. Antes de conocer los contenidos, los olía. Para mí, la lectura fue primero una actividad física. El peso de los sacos robados del instituto era intolerable, y con todo nadie me obligaba a hacerlo. Luego, se volvió una actividad mental. No solo aprendí a leer, pero lo hacía en varios idiomas. Solamente tenía que encontrar la misma novela en italiano y comparar las dos, página por página, oración por oración. Cuando me fui del convento, a los dieciocho años, estaba listo para vivir en otro país, y así fue como acabé en el sur de Francia.

Esta historia empezó en el tren, un poco antes de que llegara a Padua. Estaba en el único compartimiento ocupado. Los otros estaban todos vacíos, aparte del primero en el fondo del tren que tenía dos personas. Yo me quedé en uno de esos asientos del medio: sentándote allí no sabes por dónde mirar o en qué pensar, porque todos están tan cerca que parece que los demás leen tus pensamientos.

Enfrente de mí había un indio llevando vaqueros y una camisa roja purpúrea con un símbolo de un palo de golf, o algo así, bordado en el bolsillo. Y tenía una nariz rota. A su izquierda había una mujer de Génova que engañaba a su marido. Sé que era de Génova porque charlamos un ratito y me dijo que acababa de hablar con alguien que la esperaba en Verona, mientras que su marido también la esperaba en Génova. Que él estaba cabreado porque la había estado buscando por dos días, y otros detalles, como los símbolos de golf, que no eran importantes para mí. Y sé que engañaba a su marido porque una hora después él la llamó y ella le dijo que estaba saliendo para volverse a Génova.

A la derecha del indio, cuyo nombre, si era el dueño de la bolsa de tenis, tenía que ser Bapinu Bando, estaba sentada una loca joven de Roma. Sé que estaba loca y era de Roma porque cuando llegó, les preguntó a todos si había asientos libres y bebidas gratis como en los trenes de Roma (yo le contesté que sí para no contradecirla).

A mi derecha, al lado de la ventana, había un hombre

con gafas mirando una película extranjera en blanco y negro. Llevaba auriculares, pero uno de los protagonistas, un monstruo con la cara deformada y un humor afable y solitario, dijo *Oh Scheiße*! Lo leí en sus labios. De vez en cuando le echaba un vistazo a la película para ver lo que había pasado al monstruo bueno, hasta que el dueño del portátil bajó la pantalla para que solamente él la pudiera ver.

Y el sexto pasajero, a mi izquierda, era una francesa africana con un escote bajo que llamaba la atención de todos los hombres que pasaban. Ella escuchaba música pop sin auriculares y nadie le pidió que bajara el volumen.

El indio (y por eso creo que todo empezó en el tren) también tenía con él, aparte de la bolsa de deporte, una caja grande envuelta en una cinta adhesiva transparente. La cinta cambiaba la estructura de la caja, tanto manteniéndola unida como deformándola. La caja tenía letra en tinta amarilla: *Banani Bazar 110 Dahkra-1213 Bangladesh*. Al final había números de teléfono y fax, 0088-02-800, etcétera.

En las afueras de Vicenza, todos desembarcaron, excepto Bando. No habíamos intercambiado ni una palabra porque él estaba ocupado todo el tiempo mirando fijamente a la chica a mi lado, y tampoco yo no había querido interrumpir la respiración ruidosa de su nariz rota. A veces él me sonría, pero parecía como si sonriera a sí mismo. En ese momento tenía la camisa desabrochada y podías ver una camiseta blanca con el vello negro y denso del pecho asomándose hacia afuera. Con sus uñas limpias y perfectas, se veía como si hubiera acabado de salir de un salón de belleza. Yo no me había duchado por dos días y tenía un agujero en mi zapato derecho que cubría con el izquierdo.

En un momento dado, el tren frenó y la caja grande se le cayó sobre la cabeza. Fue un golpe agudo. Pobre Bando, ¡estaba doblado, mirándome los pies!

Asomé la cabeza desde el compartimiento vacío. No sabía qué hacer, si pedir ayuda o no para que no me acusaran. Mi mente estaba llena de imágenes de las cámaras de la tele, los inspectores, la policía, la estación siguiente y la camisa roja purpúrea. Nadie vio la sangre corriendo de su nariz, ¡pero la nariz ya estaba rota! Él aún tenía las mejillas hinchadas típicas de su raza, sonriente incluso en la muerte.

No me atreví a tocar la víctima ya que podía haber fracturas invisibles y un movimiento descuidado podía ser letal. Podía oír las instrucciones del manual de primeros auxilios en la cabeza, y lo escuchaba mientras que el sudor empezó a correr entre los dedos de los pies. Habría sido mucho más simple adoptar una decisión sobre la vida, que parecía una tragedia existencial sin escapatoria, o seguir refugiándome en los libros, en vez de tropezarme con un tipo y una caja, ambos magullados.

Por casi una hora seguí con este dilema. Era como un programa de concursos de televisión: para saber la respuesta correcta, tienes que intentar, o pierdes todo, tanto el dinero como la respuesta. Bando tenía el pelo bien peinado, un negro brillante, suave como la crin del caballo. Él estaba allí, sonriéndome en silencio. Quizás él quería decirme algo. Cada vez que alguien muere, se te acurren las ideas más extrañas sobre lo que hubiera querido decir. De repente, alguien que muere se vuelve un guardián de secretos antiguos. Bando llevaba un secreto: el contenido de la caja, ¿eran bananas, la ropa interior o algo más pesado? Tal vez piedras preciosas. Un chico que llega de Bangladesh con un cargo tan grande y con las manos limpias como de una bailarina podría ser un mercante encargado de entregar diez kilos de joyería. Él que muere podría ser cualquier cosa. Pero no llevaba anillos, sus manos regordetas y calvas eran desprovistas de los tipos de gemas que ves en las manos de gente que las vende.

Una vez, cuando era niño, conocía a alguien que vendía gemas preciosas. Él era de Pakistán, se llamaba Massimo porque su nombre real era impronunciable. Este Massimo llevaba un anillo en cada dedo, excepto en el dedo gordo, y llevaba siempre consigo una especie de juego de damas con triángulos. Sólo era un niño y Massimo me había obligado a transformar mi pieza en este horrible juego sin imaginación. Era sólo una cuestión de dados: tirabas los dados y esperabas el número más alto.

De todos modos, si no tenía piedras, tenía que ser algo igualmente pesado, porque Bando se partió en dos.

No hay nadie en este tren, me dije a mí mismo, quizás sea un indicio, tal vez signifique que debo llevar a cabo la misión del pobre Bando hasta el final y entregar la mercancía. Imaginemos por un momento que haya gemas preciosas en esa caja. Podría comprar un boleto para mí y para todos los niños, aunque no es una buena idea llevar a quince niños conmigo que buscan un hogar. Así, víctima de todas estas fantasías, tomé la caja. La caja estaba sellada con la cinta adhesiva, en algunos lugares se había ablandado, me sentía como si tuviera en la mano una pelota hecha de papel y calcetines. La apreté bajo el brazo, con el lado que tenía la escritura pegado a mi cuerpo, y me escabullí en silencio. Cada puerta vacía me restauraba el alivio.

La siguiente estación fue Padua. Me olvidé la razón por la que me había ido. La adrenalina te hace olvidar todo y te convierte en un animal que puede sobrevivir con sólo el instinto. Los pensamientos abstractos son una invención de la civilización.

Me bajé apurado y me dirigí directamente hacia la salida. El cielo era gris, se derretía en el techo de la sala de espera, por esta razón me sentía como si estuviera sofocando bajo la superficie del agua, tratando de subir nuevamente para poder respirar. Me sentí seguro sólo cuando crucé el umbral y me deslicé en un grupo de estudiantes que seguía las líneas de paso de peatones trazadas en la plaza. Al otro lado, debajo de un pórtico de mármol, a la sombra de una enorme tienda de iluminación, finalmente me di la vuelta y me fijé en los movimientos del personal del ferrocarril. Todo regular. Había una patrulla de la policía local, agentes gordos que charlaban con un periódico en la mano y un cigarrillo en la otra. El tren ya se había ido.

Una ciudad húmeda y llena de estatuas papales me hizo temblar, pero quizás eso era lo que necesitaba para no pensar en la biblioteca infantil, la única cosa para la que valía la pena luchar. Tenía que conocer ese sacerdote, Don Vito, y me la pasé riéndome porque, cuando se trata de sacerdotes, hay una cantidad enorme en Padua. Podría haber sido cualquiera de los miles. Según Signorina Rosario, la biblioteca donde él trabajaba estaba cerca, en el centro antiguo, Via Cesare Battisti. Muy temprano por la mañana, fui allá para dar una vuelta. Poco antes de entrar a un callejón donde se encontraba la biblioteca, encontré una placita limpia. La gente caminaba de prisa y se topaba.

Como un río, nosotros escogemos la misma dirección que los otros, pero a veces hay alguien que prefiere ir en la dirección opuesta, contra corriente. Uno de estos era un viejo con pelo fijado en su cabeza, que se quedó parado, al centro de la plaza, sin moverse, mientras miraba los techos de las casas.

Entré a un bar que estaba cerrado. El dueño se excusó porque no había puesto las mesas y me invitó a sentarme en un comedor listo para almorzar o cenar o incluso listo para una boda. Luego, yo me excusé porque no tenía dinero para darle una propina, solo tenía dinero para un café horrible, tan amargo que me hizo pensar en lo siguiente: el sabor del café no tiene nada que ver con el azúcar o la calidad de los granos, sino con lo que una persona tiene dentro de la boca antes de beberlo.

Bebí ese café amargo e intenté no pensar en los niños y

el gato. Solamente fue fácil olvidarme de mi esposa, o ex-esposa, no sabía cuánto tiempo tenía que pasar antes de poder cambiar su título.

A través del comedor medio vacío de mi bar, la figura de un viejo vivaz se reveló. Tenía pelo grasoso y llevaba una camisa pegada al barrigón. Él parecía estar confundido, como si se preguntara repetidamente: voy por allí, no, mejor por allá. Esto consolaba a los que, como yo, empezamos a pensar que no éramos los únicos idiotas en la plaza. El viejo se volteó hacia el bar y me hizo un gesto. Era un gesto que usualmente las personas se intercambian cuando son los únicos en una sala de espera o en una parada. Yo le devolví el gesto y seguí mirando mi taza. Él siguió mirando los techos de los edificios enormes, por detrás aparecían los campanarios y los letreros de los bancos, y la luz matinal, un poco más cálida, seguía remplazando la nocturna.

Era imposible olvidarme de los niños, no era lo que quería. Tenía que encontrar sentido a los eventos recientes para comprender cómo cambiar una memoria que duele en una que me puede servir. Yo solo era un guardián y no podía hacer nada para cambiar las reglas.

El olor de cruasanes vino junto a mis teorías de la vida.

El viejo con el barrigón y la camisa se acercó maldiciendo en su dialecto.

Las mismas disculpas del dueño del bar, una sonrisa de nuevo para mi y mi taza, todo continúa. De repente observé un detalle de su ropa: la camisa elástica era, en realidad, un uniforme de tela sintética usado en delantales y para comerciantes. Además, él tenía una banda blanca en su cuello que me hizo quedar sin ninguna duda: era sacerdote, uno más, y eso no era alarmante, dado la ciudad en la que estábamos, pues no fue tan alarmante como lo que yo estaba a punto de averiguar.

–Es posible que él sepa dónde está el lugar que buscas –me dijo el dueño.

Una onda dorada pasó bajo nuestras narices. El

perfume de azúcar caliente puede ayudarte a tener una sensación positiva hacia una persona que se presenta de esta manera:

–Iré con él, no te preocupes, trabajo allá. La biblioteca que buscas –se estaba dirigiendo a mí con el Tú impersonal–, está cerca, al otro lado de estos arcos. Abren a las ocho, pero si te das prisa, tengo las llaves.

–No tengo ninguna prisa –dije–. Al contrario, es mejor si me quedo aquí un rato.

El sacerdote, posiblemente gracias al hecho que era sacerdote, comprendió que algo no iba bien. Me preguntó y le hablé de los niños y Meli, y el deseo de irme. Él pagó por nuestros cafés.

–¿Cómo es que estás en Padua si vas a Nápoles? ¿Te perdiste en la niebla? –me preguntó. El dueño se rió. Los cruasanes se rieron también.

Expliqué: –Estoy aquí porque no tengo ni un centavo y no tengo trabajo. Una amiga en Ventimiglia me dijo que yo encontraría un sacerdote aquí, sí, pues, un colega suyo, que estaba buscando gente para abrir una biblioteca nueva. No se ofenda, pero nunca me gustaron los sacerdotes, pero, si este colega suyo puede ayudarme a escaparme, estoy listo a fingir que soy creyente. Mire, llevo años como guardián, trabajo por la noche, y durante el día, mi esposa malgasta todo mi dinero.

–¿Cuál es el nombre de tu amiga?

–Rosario Rossi.

–¿Y porque le crees?

–Conozco a Rosario desde hace muchos años. Antes de mi boda, ella fue la única que me dio un consejo. Estás a punto de hacer algo tonto, me dijo y todo pasó como ella había predicho.

La expresión del sacerdote cambió, revelando todas las arrugas de alguien de su edad. Fue una transformación dulce, como la que ves en los labios de niños cuando toman sus primeras comuniones y saben que no pueden volver atrás. El camino a la santidad ha sido trazado,

Tengo que ser bueno, los niños se repiten, pero ¿por qué? A veces está bien ser malo, que maldición, el hombre de arriba lo sabe todo, me parece. Tengo que dejar de pensar en mujeres desnudas, tengo que concentrarme como dijo el catequista, si no…

Pues, ¿qué dije? El sacerdote se dirigió hacia el bar, tomó un cruasán, al que estaba mirando, lo dividió en dos con la solemnidad de un rito, y dijo:

–Tómalo. Lo compartimos antes de hablar de tu viaje. Sí, soy Don Vito. No me mires así. ¿Qué te esperabas? ¿El Papa? ¡Lo único que tenemos en común es la marca de ropa interior!

Dado esta coincidencia, (no la de la marca de ropa interior sino la reunión con el sacerdote) yo debí comprender muchas cosas, primeramente, que las coincidencias no existen sin nuestro deseo íntimo de reconocerlas como tales.

Padua. Viernes en la tarde.

Don Vito Palladino. Sin mucho pelo, templado con brillantina, una crema que ya no se ofrece, guardada dentro de un bote de cinco kilos por muchos años, para poder ahorrar, decía, y un vientre iluminante. Él pensaba en su juventud con la amargura de los ancianos.

Cuando era niño, Vito tenía miedo de tomar el tren solo. Cada vez que llegaba a la puerta de la vía de acceso al tren D, la línea Ventimiglia-Grasse, y se sumergía en la multitud de gente que se embarcaban con él, miraba fijamente las manos y los pies que pasaban en frente de él. Seguía la respiración rápida, el empujarse arrogantemente, se sentía como un engranaje minúsculo en una maquina perfecta hecha de manos y pies, porque al final, se repitió a sí mismo, este es el mundo en el que nosotros tenemos que vivir, hecho de escaleras de madera podrida que suben hacia la misma dirección. ¿Fue entonces cuando empezó a llenar de basura su cabeza?

Cada tarde, durante lo que él no se atrevía a llamar "oración", el joven Vito se preguntaba cuánto tiempo más podría aguantar todo esto. Su respirar se le había hecho más difícil, como durante una pesadilla. Su mente se inundaba con pensamientos. Los años pasaban y su estómago crecía, sus hombros se hacían más débiles, como le sucede a una persona que ya no puede llevar el peso de la existencia. Me siento débil, se repitió a sí mismo.

Cuando vio llegar la Marbella con el interior rosa, se

preguntó cómo presentarse a la niña.

Los vio salir, los dos del mismo lado porque estacionaron cerca de la pared de la Facultad. Dos personas y un gato en la bolsa. Él se presentó a ellas con la mirada hacia abajo y pudo ver que sus piernas eran exactamente igual como en los años setenta.

–No debí de contactarte tan pronto. Espero que no cause problemas.

Don Vito miró a Rosario en los ojos y dijo: –Te esperaba a ti.

Y él le dijo a Odette: –He escuchado hablar mucho sobre ti, *bella signorinella*… ¡fue muy valiente de tú parte agarrar el gato y salir!

Odette no le sonrió. Ella también detestaba a los sacerdotes, pero cuando Vito le ofreció una barra de chocolate y le guiñó el ojo, comenzó a cambiar de opinión.

Rosario pidió entrar y sentarse en algún lugar. Dejaron a la chica en un banco en frente de la sacristía. El gato miró a su alrededor y tembló. Ese lugar lo hizo temblar, era tan oscuro como en un ataúd. Ni él ni Odette habían entrado alguna vez dentro de una iglesia.

Nosotros, los adultos, usamos palabras como calcetines al azar. Podría haberle dicho a Odette tantas cosas, en cambio le hice una lista de todos los males que había sufrido a manos de las hermanas. No podía imaginar que un día se reuniría con un sacerdote que podría enseñarle algo bueno.

Esperemos que Meli llegue pronto, Odette pensó. Ella trató de no mirar las esculturas altas y oscuras. ¿Por qué están tan tristes? Se preguntó. ¿Por qué no sonríen, o cantan, o no se besan? Utilizó el cambio que el viejo al que había conocido en Niza le había dado, insertó las monedas en una de las cajas, y cuando oyó el metal tintinear en el fondo, deseó que las estatuas sonrieran, pero no funcionó. Tal vez se requerían más monedas.

Su gato la miró con la apática esperanza de los gatos.

Los rostros de los santos seguían siendo tan duros como la piedra. No había ni una sola sonrisa para la pequeña Odette. Aburrida, sacó los pasteles de su bolsa, tuvo que esculcar debajo de sus tesoros, y empezó a dibujar sus sueños, una casa rosada, gaviotas sonrientes... Dibujar un sueño es casi como hacerlo realidad. Mientras tanto, detrás de una puerta pesada, bajo la leve luz de la lámpara, los únicos dos pecadores honestos que conocía se miraban el uno al otro con desconfianza.

–Ahora dime la verdad: esa niña, por si acaso, ¿no la secuestraste?

–¡Ahora crees que ando secuestrando niños! Lo hizo todo sola. ¡A lo mejor la ayudó el gato!

No se habían visto desde hace casi treinta años, desde cuando Vito había hecho voto y ella se había retirado en un silencio doméstico en el apartamento de la familia para la que trabajaba. Rosario vivía en el último piso de un edificio Fascista, no tan lejos de la estación. En el apartamento, ella se hizo cargo de todas las reliquias de pertenencia a una familia entera. Los muebles de Rosario, que incluían una cama de campamento de un veterano y una silla de satén con botones de porcelana hechos en el siglo diecinueve, representaban para ella una parte importante de esa familia. Cuando todos los miembros de la familia se murieron, lo único que le quedó a ella fueron los muebles.

Vito también estaba rodeado de unos bancos viejos, mesas de mármol, todo muy pesado, era un poco como un encarcelamiento.

–Ha pasado mucho tiempo.

–Mucho –ella dijo–. Creo que Odette llegó en el momento correcto.

–¡Quizás, o tal vez hemos botado en la basura treinta años de nuestras vidas! Yo quise irme de este lugar tantas veces, y en vez he estado inmovilizado con esta ropa encima.

–Hay no empieces con tu sermón. La misa es el

próximo Domingo, don Vito.

–No me llames *don* –él dijo.

–Pero eso es lo que eres –contestó Rosario–, tu decidiste escoger esto.

Señaló a las enormes cornisas doradas, el mármol de Carrera y la túnica del domingo, como si fuera un trapo para limpiar el baño. Lo rozo con el dorso de su mano, aunque supuestamente tenía que ser un gesto de desprecio, sus manos temblaron.

Ahí estaban, se conocían desde hace cuando yo todavía comía Ziguli, y se hablaban con el resentimiento de dos personas que se habían amado. Vito se tragó su saliva. Rosario bebió su *mate* caliente y lo miró con una desconfianza familiar.

–Entonces, ¿aquí es donde pasaste la mitad de tu vida como virgencito?

–¡Rosario! –dijo don Vito, como si fuera grave hacer chistes en su iglesia, algo que también él hacía–. Tú no has cambiado para nada…

–He oído eso un millón de veces –respondió Rosario. Una frase tan patética, encontrada en la televisión, en la calle, en los libros–, la vida tiene mucho de *tú-no-has-cambiado-para-nada*, Vito. Es posible que en cada parte del mundo haya alguien diciéndole a alguien más *tú no has cambiado para nada,* con la vana esperanza de que lo hará, cambiará y se convertirá justo en la manera que él quiere.

–O en la que quiere *ella*.

La Signorina Rosario Rossi también era un poco como una filósofa. Su filosofía estaba suavizada debido a los años en la calle y en los apartamentos alquilados. Eran espacios fríos, compartidos con soldados y refugiados, en donde los amantes se alegraban por unos minutos antes de volver a sus propias existencias, privadas de emociones. Eran largos años en los que a ella le hubiera gustado haberlo visto aparecer; algo que, de hecho, no había sucedido antes de ahora, y que, gracias a un niño que salió de la nada, ahora estaban hablando sobre ello. Hablaron de eso como si estuvieran en una sala de juicios: Usted, Signor Palladino, ¿cuántos años más pensaba estar en fuga? Y Usted, Signorina Rosario Rossi, ¿por qué nunca se subió a su Marbella y condujo hasta aquí?

Odette, al otro lado de la puerta, escuchó todo con un

entusiasmado interés. Era una lección de la vida, o una sobre el amor, un idioma que aprender y usarlo un día u otro. Los bigotes del gato brillaban bajo las velas. Sus claros ojos ahora tan oscuros como dos bolas de carbón, los mantenía abiertos porque uno de esos santos podía en cualquier momento bajar de su posición privilegiada y arrancarlo de las tibias manos de su joven amiga. Odette lo tranquilizó, sintió que él estaba aterrorizado porque se enderezó. Le susurró dulces promesas de jamón y ardillas, y le contó el epílogo de la historia, que solo ella conocía. Con la paciencia de alguien nacido sabio, ella esperaba que esas dos personas salieran de ahí.

–No ha sido fácil para mí, arreglármelas sola. Me dejaron el apartamento, pero para todo lo demás tuve que arreglármelas.

–Lo puedo imaginar…

Vito tenía en su mente la última y no exactamente romántica escena antes de que se mudara a Padua en 1976. Estaba en el seminario, ya había comenzado su carrera de estudios, pero albergaba un deseo íntimo de cambiarla. Era como si deseara que el empuje viniera de afuera, de Rosario, ¡por qué no! Si ella se lo hubiera pedido, él lo habría dejado todo. Fue ahí entonces que ellos comenzaron a verse. Se encontraban los sábados por la noche, cada vez que él podía escaparse al centro de la ciudad. No había ningún transporte público, y era un viaje duro por bicicleta, especialmente durante el invierno. Vito había pedaleado por horas en los caminos pequeños y sucios del valle. Rosario lo había amado y había escuchado sus promesas, le había creído, con la ingenuidad de una tonta. Luego, al fin, él le dijo que iba a dejarla: había elegido la Iglesia. "¡Que hinchapelotas!" ella había dicho. "Todos los italianos son iguales," y se había reído antes de correr a su casa. Cuando había visto la bicicleta desaparecer detrás de la estación, había llorado.

Pero Vito la había visto con sus propios ojos: su cuerpo, la mezcla de los colores, rosa, blanco, su piel clara moviéndose encima de alguien que no era él. Era la espalda de Rosario, la había reconocido, en cuanto la puerta del cuarto se abrió. Él había hecho lo correcto al dejarla, al elegir un compañero leal.

–Y además –dijo Rosario–, hay algo que tú nunca me explicaste.

Ambos sabían a qué o a quién se refería. –¡El hijo del banquero! –él dijo.

¿Qué era eso, el título de una película? ¿Una comedia erótica? ¿O los sentimientos guardados en secreto por treinta años? Una sola palabra, o mejor tres, *hijo. del. banquero*. Se lo había repetido a sí mismo muchas veces.

–¡Yo estaba segura de eso! –Rosario dijo mientras se reía una risa amargada. Su pelo abundante y amarillo se movió ligeramente, pero estaba rígido como una planta artificial. –Pero esa noche, cuando nos vimos por última vez, ¿te acuerdas?

–Por supuesto que me acuerdo. Tú todavía tenías sudor corriendo por tu cara.

–Esa tarde, querido Don Palladino el tonto, la nieta de la dueña estaba en mi apartamento. Ella está casada con el hombre que tú estás llamando el *hijo del banquero* pero no lo es, solo es un cajero en el banco. No sé por qué tú crees que fui yo. Creaste todo esto en tu cabeza. ¡Me traicionaste TÚ!

–No es posible... –repitió el sacerdote a sí mismo–, eras tú, estaba seguro, la misma piel, el mismo pelo... por todo este tiempo...

–Y además –añadió Rosario–, sabías que había estado con miles de hombres antes de ti, así que ¿cuál es la diferencia?

–No me importaba todo lo que habías hecho antes. Nosotros los italianos, debes saber, distinguimos entre *antes* y *después*.

–¡Así es también en Argentina! ¿Crees que nos gusta ponernos los cuernos uno al otro? Si estás en una relación con alguien, pues estás con esa persona.

–Pero ¿con QUÉ persona? No sabía con qué persona estabas cuando te dejé. Me parecía que era ese chico, que era el hijo del banquero, y la mujer encima de él…

–¡Basta! –Rosario lo interrumpió–. Ya te dije que no era el hijo del banquero, ¡solo el cajero! La próxima vez que vengas a Ventimiglia, te los presentaré, a él y a su esposa.

–Solo los reconocería de espaldas.

Odette entró al salón. Tenía hambre y estaba cansada, por haber estado despierta desde las siete. El gato entró antes que ella, se escabulló bajo las faldas de Rosario, y los miró en secreto por el resto de la conversación.

–¿Cuándo llegarán Meli y su novio? –Odette les preguntó.

–No sabía que fueran una pareja.

–Fue ella que lo decidió. No sé para dónde fue, querida. Hasta Meli no lo pudo encontrar.

–¡Rosario! –dijo Vito–. Debemos explicarle a tu amigo que no lo puedo enviar a ninguna ciudad del sur. No habrá ninguna biblioteca para los niños, si no encontramos el dinero. ¿Por qué estoy encargado de esta farsa?

Odette se acurrucó contra las piernas de su *abuela* y esperó su respuesta.

–Hice lo que haría cualquier otra madre adoptiva. Te pedí mostrarle las fotos a él y prometerle que se lo enviaría allá, para mantenerlo salvo de problemas. Pero temo que no tuve éxito.

Meli llegó a la ubicación concordada. Las puertas de la iglesia estaban cerradas, parecía un antiguo asilo. Meli miró a su alrededor. Su expresión somnífera, de la que me acordaba, había desaparecido detrás de sus ojos muy abiertos. Se frotó las manos como si tuviera la lámpara y el genio podría salir. La calle estaba vacía, los bares silenciosos, los edificios de la universidad y la biblioteca cerrados. Sólo una dama vestida de colores que iban de rojo a violeta se podía ver, muy lejos, cojeando a lo largo de las arcadas.

Cuando se acercó, la mujer se excusó y le dijo que estaba cansada de usar tacones altos durante todo un día. Los llevaba al mercado y a las películas, pero ahora ya no los podía soportar. Su queja sorprendió a Meli, que le preguntó -¿Rosario Rossi?

–¿A quién esperabas?

Meli se río y la abrazó. Ella preguntó: –¿Dónde está Odette?

–Está con Vito, en el jardín. Ven, te llevaré allí.

Rosario podría dar miradas dulces, pero sus labios se matenían cerrados después de cada palabra, severos con todo lo que venía. Mientras hablaba, se le olvidaron los años amargos infligidos a la joven Rosario, y la vieja Rosario ponía en práctica toda la sabiduría que había recogido como setas durante largas caminatas en el bosque. Pero en los silencios que siguieron, ella sintió el pesar de la incapacidad de escoger un solo camino y la presión de haber sido obligada a vagar hasta el final de la vida. Finalmente, algunas personas no siguen ningún camino porque ellos son sus propios caminos.

Rosario tomó la mano de Meli, como nadie lo había hecho por años. La misma regla era válida para Meli, pocos contactos con los adultos eran permitidos, con la constante vacilación de indulgirse en un abrazo o quedarse junto a objetos extraños recolectados de un lado u otro.

Meli la miró con una gratitud sincera que no necesitaba ninguna explicación.

–Ven, cariño. Están en el patio.

Ellos podían oír la risa de Odette ya, que corría persiguiendo las tórtolas.

Corrió hacia ella y por eso el patio se convirtió en un lugar más fresco. –¡Meli! ¡Meli! –gritó.

Meli soltó la mano de Rosario y tomó la mano de la pequeñita. Tres generaciones habían intercambiado este gesto anciano y simple en pocos segundos, y ahora cada una estaba llorando en sus propias maneras: Rosario lloraba con lágrimas grandes y saladas que venían con una conciencia tranquila; Meli, en la incredulidad, perturbada por el miedo sutil de una mujer que es segura de sí misma y también llena de inseguridades; y Odette que todavía estaba al principio del camino.

–¡Quizás sea el momento adecuado para olvidarse de su madre! Esa loca borracha que la abandonó– dijo Rosario en voz alta.

Vito la contuvo agarrándola del brazo, si no ella habría empeorado la situación. ¿Qué hizo esa chica para acabar bajo el cuidado de dos locos? Cuándo abrazó a Meli, que se puso en cuclillas para abrazarla, ella entrevió al sacerdote y a la ex-prostituta antes de que se alejaran para decidir quién podía cuidarla mejor, y luego se acercaron y se unieron en un abrazo.

¿Pero qué habría pasado si Meli llamara por teléfono a la Casa Amarilla? La mitad de las personas allí tenían el deseo de averiguarlo. Rosario, porque ya no podía aguantar la situación, y Vito porque tenía miedo de algún escándalo que podía perjudicar el Orden para el que trabajaba. Siempre estamos trabajando por algo o para alguien, los directores, los clientes, los pacientes o hasta los gerentes de oficinas divinas, como don Vito Palladino.

Meli y Odette se levantaron de nuevo, parecía que habían decidido que no les iba a importar un carajo, no llamarían a nadie. Desde ese momento en adelante, ellas eran una familia.

Se sentaron en el bar del hombre de Padua que se burlaba de los transeúntes y ahora estaba solo; la mesera, o su hija, se había ido con amigos. Rosario y Vito, se sentaron en dos taburetes, ordenaron Spritz con vino dulce y brindaron por algo privado. Odette se sentó en el regazo de Meli y, exhausta, se durmió. El gato jugaba entre los delicados y desnudos tobillos de la chica. Ella llevaba su falda floral, como la última vez que nos vimos. Quizás tenía en mente empezar de nuevo por donde lo habíamos dejado la última vez.

Meli quería mantener a Odette alejada de los quisquillosos burócratas franceses que se tardarían varios meses antes de darle una verdadera posibilidad de escoger.

Habló por mucho tiempo con Odette mientras acariciaba la suave cabeza del gato. Su grueso pelaje, negro y brilloso, seguía el sentido de las palabras. Era un gato dotado con una rara habilidad de entender lo decían los humanos, a pesar de las muy claras diferencias entre nuestros lenguajes. Un lenguaje inútil, hecho de sonidos, de palabras dichas una y otra vez, que habían perdido su significado original, como si esto no fuera tan importante como la necesidad de liberarse del lenguaje como tal. Nosotros los seres humanos, por esa razón, solo somos inconscientes liberadores de palabras.

–¿Quieres saber qué haremos ahora? Te lo diré, Odette. Primero nos vamos a casa, pero no a Sospel. Iremos a mi lugar. Yo vivo en Fabron, cerca de un parque donde podemos estudiar, hacer un picnic o ir por unas caminatas. Arreglaremos todo con el general, no te preocupes. Yo ya no trabajo allí más. Será mucho más fácil llenar los papeles para que te puedas quedar conmigo.

Odette preguntó: –¿Te refieres con ustedes dos?

–Ya veremos –Meli respondió.

Odette tomó refugio en la melancolía de sus grandes ojos azules. Extrañaba a su hermanita. Se preguntaba si cuando creciera sería tan hermosa como Meli o Rosario, que mientras tanto se reía de los chistes sucios de Vito.

–¿Por qué no me muestras ese camafeo? ¿Para qué es? No sabías que tenía una pasión ardiente para la joyería antigua? –y otras preguntas similares.

El sacerdote ya se había desabrochado el collar blanco de su hábito y ajustó el mechón atascado en su frente. Si la decisión fuera suya, se habría desvestido enseguida para empezar de nuevo por donde lo habían dejado la última vez.

–¡No les dije donde encontramos el gato! –dijo Odette.

Don Vito no la escuchó, se quedó perplejo. En su cabeza, con un cerebro igual al resto de los hombres, había solo una palabra que se repetía mecánicamente como una señal interrumpida de la radio. Y Rosario, a pesar de los años de inactividad en este sentido, había guardado, con algún grado de cuidado, una intuición por los hombres que repetían esa palabra, tan grande que podría llenar la cabeza de dos personas al mismo tiempo.

La chiquita aburrida los miró. El gato bostezó. Por su naturaleza le encantaba la calma de los sitios calurosos, como los bracitos suaves de Odette. Era un gato, privado de sus testículos, convertido en un esclavo por el placer sádico de los hombres, al fin, nada más que un peluche. Y quizá por esa razón, no tenía otra opción sino disfrutar de las tardes tranquilas y largas, dormir en ellas como lo hacen los gatos.

–Lo encontramos por la noche –Odette continuó–, en la parte trasera del jardín. Llegó en un destello de relámpago. Lo recuerdo, el relámpago, porque así nació el gato. Fui yo que lo oí chillando. ¡Era tan pequeño, un gatito negro, todo empapado! Cuando lo llevé a casa, el hombre de servicio gritó: está prohibido traer animales aquí adentro. Empecé a llorar sin que él lo supiera. Así que, desde esa noche, le fue permitido quedarse bajo los arcos para salir de la lluvia. Hicimos juguetes para él. Ahuyentó los otros gatos. Había tantos antes de que él llegara. Ahora todos se han ido.

Odette habló sobre ese lugar como si fuera todavía su hogar. Un momento más tarde, lo describió como un lugar de su pasado.

Vito preguntó: –¿Tienes hambre, Odette? Toma la *piadina* con la pancetta picante y el queso gorgonzola. ¡Aquí lo hacen muy bien!

Rosario le dio una palmada y preguntó: –¿Qué comes con tus amigos?

–¡*Piadina* con gorgonzola! –dijo Odette, y se puso a reír.

Vito la levantó y marcó un punto en su favor.

Fueron juntos hacia la iglesia. Rosario le contó más a la chiquita sobre sí misma y su pasado, mientras que no permitía a don Vito que se entrometiera.

–Iba por todo el mundo con mi compañía –ella le dijo– , incluso nos fuimos a África para hacer una película. Era bien buena. Tenía el cabello largo y rubio, y siempre lo llevaba suelto, así, sobre el pecho, ¿ves? Una tarde, mientras que volvíamos a Togo Ville, si no hubiera sido por mi pelo, ¡a todos nos habrían dado tiros!

–¡¿De veras?! preguntó Odette.

–No sabíamos que había pasado una rebelión dentro de la sede del gobierno. Había muertos por todas partes. Y un jeep que venía del bosque y se dirigía al centro hizo que los soldados se volvieran sospechosos. Soldados negros, altos como árboles. Tenían fusiles así de grandes en sus manos. ¡Estaban a punto de dispararnos, nos habrían matado y dejado allí en el bosque! Pero alguien gritó, déjenlos pasar, *les américains*, *les américains*, porque vieron mi pelo y pensaron que yo era estadounidense. Estaba sentada en el frente, entiendes, Odette. Los técnicos siempre me dejaban sentarme en el frente porque yo era la única mujer.

Odette acariciaba el pelo de Rosario mientras que ella continuó. Parecía como si hubiera soldados africanos al final de la calle que los esperaban con ametralladoras apuntadas hacia arriba. Rosario tenía la misma mirada de coraje como la chica audaz que era hace tiempo.

–En otra ocasión –ella siguió–, estábamos en el yate de

los Motta, esos que nadan en la abundancia por sus pasteles *panettoni* bien ricos. Siempre nos acompañaban a ver el yate después de los desfiles de moda. Íbamos para Cerdeña, pero el mar estaba tan agitado que los guardacostas nos habían prohibido a salir. Las olas estaban tan altas y el barco no podía seguir adelante. Vinieron para sacarnos del agua después de dos horas y los dueños acabaron con una multa grande. Gritaron, "¡Pónganse a cubierto!" pero no quería escuchar nada de eso. Seguía luchando con uñas y dientes, completamente empapada.

Odette sintió las ondas violentas del Mediterráneo golpear en sus mejillas, escuchó y se imaginó todo. Fue mejor que cualquiera lección de geografía. ¡Cuánto sabía esa mujer de la vida!

–Tú, chiquita –Rosario le dijo–. Cuando crezcas, tendrás que aprender a ser astuta. Siempre me decían que me quedara en casa, en Los Olivos. Cuando era joven, la gente pensaba que si me iba, me convirtiría en una… pero las que se quedaron, ¡fueron ellas que se quedaron embarazadas!

–¡No le hables a ella de esas cosas! –dijo Vito.

–¡Cállate ya! –fue la respuesta de Rosario.

–Tienes que prestar atención, Odette, ¿me entiendes? Tan pronto como cumplas dieciocho años, tienes que aprender el inglés y sacar un pasaporte. De esa manera, te puedes escabullir e ir donde quieras, como yo lo hice. No escuches a la gente como él que te dirá que te convertirás en una de esas…si te sales de tu pueblo. Sólo hablan así porque nadie les enseñó lo que tienes que hacer para prevenir el embarazo.

Odette escuchaba, absorta en sus palabras. Rosario la tocó con un gesto de aprobación. ¡Una semana con ella y se convertiría en mujer! Rosario tenía una voz como las viejitas en la Casa Amarilla durante esos programas aburridos para los voluntarios. A ella y a sus amigos los dividían entre los adultos de la misma manera que los niños se dividían para hacer equipos de fútbol en el jardín trasero. Odette era una observadora inteligente de los mínimos gestos: esa mano que iba subiendo y bajando por su cabeza era uno de ésos. Eso quería decir que esta vez, no le había asignado cualquiera tutora común y corriente. No sabremos nunca, en realidad, qué imagen tenía Odette, una niña de seis años, de Rosario. Pero, lo que veen los ojos de una jovencita e inocente, siempre es más puro y sencillo de lo que veen los otros.

–No me hablaban nunca de esas cosas en la escuela–, dijo Odette.

–¿Y qué te enseñaban?

–En mi clase –la niña explicó–, no hacemos nada excepto trabajar duro, leyendo libros.

Indicó su mochila, pero no había ni un libro por dentro.

–Y también –continuó–, nadie nos quiere decir de dónde vienen los bebés, por ejemplo.

–Ay, ¡que tema delicado! –Vito dijo.

Rosario calló a Vito con otra palmada, y después dijo que ella misma iba a explicárselo a la niña. Lo importante era que ella estaba haciendo preguntas y tarde o temprano encontraría a alguien dispuesto a darle las respuestas.

–Claro –dijo ella– ¡un poco de la educación sentimental les haría bien!

Al menos Rosario, pensó Odette, a diferencia de esos tontos en Don Bosco, se reía cada vez que ella abría la boca para hablar, y aún no le había dicho que tendría que sufrir para ser feliz. Rosario Rossi era una transmisora sensata de alegría pura. Hablar con ella era como abrir un cuaderno en blanco y llenarlo con palabras hermosas de colores vivos. Odette nunca había aprendido tanto como en ese día. Y lo más interesante fue que el cuaderno que imaginaba no tenía ni líneas ni cuadrados, sino era lona infinita para llenar con un asunto tan importante como la vida.

El gato, un experto en las lenguas invisibles, los dejó continuar.

No había hermana, ni tampoco uno de los hermanos de Vito en la capilla. Vito estaba tan entusiasmado como un niño pequeño. Caminó al frente del grupo y no se dio la vuelta, provocando gran curiosidad. Eran cuatro aventureros curiosos rodeados por el misterio de Santa Caterina, quien debía haber sido una mujer fascinante, misteriosa y bella antes de que se hiciera una santa. Rosario tenía celos de ella. Lo miró proseguir, bamboleándose como un joven, el mismo joven que había dejado en los años setenta, debido a un malentendido estúpido. Le hubiera gustado hablar con él, pero se refrenó de hacerlo por la presencia de la niña.

Vito se paró y dio una sonrisa extraña que solo Rosario conocía. Estaban de pie antes la estatua de la Virgen, que los miró como las estatuas lo hacen, con la indiscreción presuntuosa de alguien que sabe todo sobre tu pasado y futuro. Probablemente, mucho antes de que ese pequeño grupo extraño se reuniera a sus pies, la Virgen ya sabía cómo irían las cosas. Otra mujer… ¡bien, ahora ya es suficiente!

Vito dijo, dándose la vuelta: –¡Aquí estamos! No pude resistir. Se agachó y se resbaló por debajo de la capa de la estatua.

–¡Eres nada más que un cabrón! –Rosario gritó. Odette estaba muriéndose de la risa. –¿Qué estás haciendo allí abajo? ¿Y qué estás enseñando a esta niña? ¡Y tú, no te rías! Todos los hombres son así. Ya verás en su debido tiempo. ¡Te hablan del amor, te hacen esperar treinta años y luego ¡agachan la cabeza debajo de la primera falda con la que se encuentran!

Vito se rió, una risa similar a una que se desencadena por un cosquilleo que sientes saliendo de las sombras como ecos en un refrigerador vacío. ¿Cómo habría justificado su comportamiento si uno de sus superiores se hubiera aparecido? Rosario despreciaba ese mundo porque le había arrancado al hombre a quien amaba. Odette miraba a su alrededor. No hubo ninguna señal debajo de la falda por algunos segundos.

De repente, se escuchó un grito de satisfacción. Un orgasmo, pensó Rosario, asqueada. Vito salió, gateando, ajustando el mechón de pelo pegado a la frente y levantó un pequeño objeto, mostrándolo con orgullo. –¡Lo encontré! ¡Pensé que lo había perdido durante el desfile, pero todavía estaba aquí!

–De verdad eres un sacerdote loco –dijo Rosario. Sin embargo, Rosario estaba feliz de que él no la había traicionado con la Virgen. –¿Qué es eso? –preguntó entonces. Al final, Rosario también se emocionaba al ver los objetos brillantes.

–Eres tan veloz y curiosa como una urraca –le dijo Vito mientras que él analizaba el contenedor negro y pequeño que reflejaba las luces sombrías de la iglesia.

Vito habló con Rosario sobre la parte que falta de este cuento, y luego se unieron con Odette en el jardín y se olvidaron del mundo repugnante de los adultos. Después de haber hablado sobre ese objeto y todo lo que representaba, decidieron hacer algo que tendría repercusiones no solo para sus vidas sino también para las de Morel, Meli y la mía.

Jugaron el resto del tiempo y persiguieron al gato alrededor de la fuente al lado del pórtico. Odette se divirtió mirándolos correr, los dos torpes, el primero porque él no podía ver sus pies por su estómago, la segunda por sus tacones altos, y ella se rió con la alegría inconsciente de su edad. Vito también tuvo el coraje de reírse otra vez; estaba a punto de tomar la única decisión importante desde que se habían reunido. Un paso demasiado grande le hizo tropezar. Se cayó en el agua y no paróde reírse en aquel momento tampoco. Rosario y Odette, frente al mármol suave, se burlaron de él.

Un poco más tarde, mientras que estaba ayudándole a secarse, Rosario notó algo del que ni Odette ni el gato se había dado cuenta. Por primera vez, después de haber pasado tantos años escondido, Vito soltó el cabello oscuro y denso que abrió para ella algo antiguo, olvidado debajo de estratos de otros recuerdos. Ella le sonrió a él. Él le sonrió a ella. La brillantina se había disuelto y la había llevado el agua.

Vito volvió a mirar a los tejados de las casas y les sonrió a ellos también.

Victoria Forsmark
Una salida del mundo

El paseo en el coche era muy aburrido el día que salimos. Pasábamos mucho por el campo de Ucrania en junio de 2010, pero cada vez que lo veía no me interesaba porque parecía lo mismo. Los árboles eran los mismos dependiendo de las estaciones, las vacas también y por supuesto el camino viejo tenía demasiados baches que nadie se preocupaba para reparar, pues siempre teníamos una rueda de repuesto por si acaso. Los baches y mi coche ruidoso no me permitían dormir por ningunas de las ocho horas que manejábamos. Nunca me había gustado la playa, y mi madre lo sabía.

–Vamos a la playa este junio –me dijo mi madre un día de abril.

–¡Ay, mamá! ¿Por qué? Sabes que no me gusta la playa," le dije. No quería pasar otra semana, como cada año, en una playa.

–*Dotsya* –una palabra linda en ucraniano para "hija"–, ¡tú sabes que a mí me encanta la playa! Por favor, no hagas un gran problema como cada año.

–Pero…

–Pienso que este año, es posible que te guste la playa a la que vamos –ella me dijo con una sonrisa.

Lo dudaba.

He ido a muchas playas en Ucrania, América y América Latina y cada vez no me gustaba, todas eran las mismas. La arena está atascada entre los dedos del pie, en el pelo, en el traje de baño y en lugares que prefiero no mencionar. El sol es demasiado fuerte y casi cada año me quemo al sol. Los niños corretean en todas partes y demasiado cerca de mí; siempre me patean la arena. Hay muchas razones, pero no hay bastante tiempo o papel para escribir todo y no quiero parecer negativa e infantil.

Hacia la última hora del viaje en el coche, pienso que estaba perdida en un ensueño. Con mis ojos todavía cerrados, estaba esperando que el viaje terminara pronto, pregunté : –¿Cuantas horas tenemos más?

Mi mamá me dijo : –Casi allí… ¡dotsya, mira!

No sabía por qué ella estaba tan emocionada, pues levanté la cabeza y abrí los ojos. Lo que vi fue algo que solo había visto en las revistas de viaje. Manejábamos cerca del borde de un acantilado, tan cerca que solamente haciendo tres pasos, caeríamos. Y más lejos vi el amanecer sobre el agua. Era tan bonito. El agua era un color precioso, en particular con el amarillo y el anaranjado del amanecer.

–¿Dónde vamos?

–Verás, dotsya.

La respuesta era un poco rara, pero no me importaba porque la vista fuera de la ventana me cautivaba.

Cuando teníamos solo treinta minutos hasta la playa, vimos muchos caballos salvajes en los campos. Eran tan magníficos cuando levantaban la cabeza para mirar hacia nuestro coche, me recordaron el amor y la pasión para los caballos que tenía cuando era una niña.

–¿Podemos volver para mirar a los caballos, mamá?

–Sí, dotsya, yo sé de tu amor para los animales.

Cuando llegamos al destino, pienso que la emoción aumentó dentro de mí, porque no tuve ninguna vacilación a salir del coche. El aire era más fresco que alguna otra playa a que había ido, oí los pájaros, las olas, el relincho de los caballos en la distancia, y todo me pareció tan bonito, algo que nunca había sentido en una playa antes. Pero cuando me di vuelta a mirar el agua, solo vi el acantilado y el agua era lejana.

—¿Qué es eso, mamá? Pensaba que íbamos a la playa.

—Sí, vamos a la playa, justo no estamos allí todavía —ella me dijo y empezó a bajar en el acantilado.

—¡¿Qué haces?!

—¡Sígueme!

La seguí a descender el acantilado y veía a mis pies cada segundo por el paisaje accidentado. Hubo momentos en que casi me caí, pero me agarré. Entre más abajo descendía, más oía las olas. Por fin, cuando sentí una salpicadura en mi cara, levanté la cabeza y vi el agua.

La playa era algo a donde nunca había ido antes. Era una playa agreste, sin gente, solo yo, y mamá. No había arena, el Mar Negro era conocido por sus playas de rocas y conchas. También era conocido por su agua tan bonita, clara y flotante, algo que me gustaba y me interesaba mucho. La playa agreste que encontramos estaba rodeada por las rocas que parecían levantar al cielo, y parecía como nuestra propia salida del mundo.

La primera cosa que hice fue tocar el agua. Era muy fría pero no me importaba porque cuando miré más lejos, pude ver todo, las rocas, los peces, las medusas, todo. El agua era tan, tan, tan, clara.

Pienso que nadar entre las medusas y mirar a los caballos fue mi pasatiempo favorito del viaje. Tenía un poco de miedo a nadar con las medusas, pero, a las cinco o seis de la tarde, cuando el sol empezaba a desaparecer detrás del horizonte, las medusas eran unas de las más bonitas que veía. Algunas se iluminaron de varios colores, y una que recuerdo vívidamente se parecía a una lanza y tenía rayas con muchos colores.

Los caballos eran magníficos, me parecían los animales más bonitos. Mamá y yo escalamos por el acantilado el día final del viaje, empacamos el coche, y caminamos a mirar a los caballos. Establecimos un picnic juntos, y pasamos algunas horas mirando los caballos, sintiendo la brisa del mar y el aire claro, y hablando del viaje.

—¿Te gustó la playa? —mamá me preguntó.

—¡Sí! ¿Vamos a volver el próximo año?
Nunca hubiera pensado que diría algo así.

Carol Joseph

El hombre

Era un día normal. Honestamente, todos los días eran días normales para mí. Era una contadora y trabajaba a partir de las nueve hasta las cinco. Todo sobre mi vida era normal y este día comenzó como cualquier otro. Me desperté a las siete de la mañana, me vestí y me fui de casa. A veces deseaba que algo sucediera en mi vida. Ahora sé que debo tener cuidado con lo que deseo.

Tenía que ir al supermercado para comprar la comida para la semana. Pero mientras estaba en la sección de los productos frescos, lo vi. Era un hombre alto, casi extrañamente alto y era tan pálido como una hoja de papel. Sus rasgos me hicieron mirar dos veces y luego una vez más. Miré más cerca. Debajo de las mangas de su abrigo negro, vi sus dedos largos puntiagudos. Miré alrededor del supermercado. ¿Por qué nadie lo notó? Entonces me di cuenta que todo estaba congelado en el tiempo. Nadie se movía y de repente había una brisa fría. Me puso la piel de gallina. El hombre movió su cabeza en mi dirección lentamente y me lanzó una mirada fija pero él no hizo nada. Hasta que, él caminó hacia un niño que sostenía la mano de su madre. Parpadeé mis ojos y el niño ya no estaba. Entonces, el hombre caminó hacia otro niño. Corrí hacia ellos, pero antes de que pudiera parar al hombre, otro niño desapareció y uno a uno, los niños desaparecieron del supermercado. Traté de salvarlos, pero no pude. Finalmente, el hombre aterrador se volvió hacia mí otra vez. Caminó despacio, como si él me estuviera dando una oportunidad para escapar y tomé la oportunidad.

Yo corrí.

Volví a mi apartamento y cerré todas las puertas; no sabía que más hacer. Esa noche traté de dormir pero estaba pensando en lo que pasó toda la noche. Sin embargo, eventualmente me dormí con la extraña imagen de ese hombre.

Al día siguiente me desperté a las siete de la mañana. Encendí la televisión esperando ver noticias de los acontecimientos de ayer pero no había nada. ¿Qué estaba pasando? Los niños habían desaparecido, pero no había una sola historia en las noticias. Otra vez, no sabía qué hacer. ¿Debería llamar a la policía? Pero, ¿por qué la ciudad no estaba gritando sobre este hombre? Tenía un millón de preguntas y ninguna respuesta. Decidí hacer sólo lo que una persona loca haría: regresé al supermercado. Cuando llegué, tenía más preguntas porque todo era completamente normal. Las familias en el supermercado estaban comprando comida y sonriendo y riendo. Caminé hacia la sección de los productos frescos y no había una manzana fuera de lugar. Sabía que vi al hombre ayer, pero ahora no estaba tan segura. Pero no, sentí la brisa fría. Vi a los niños desaparecer. Pero nada tenía sentido.

Mientras caminaba hacia la salida, sentí la brisa y yo tenía casi demasiado miedo a mirar pero me obligué a girar la cabeza... no había nadie allí. Continué a caminar hacía mi coche y tan pronto como entré, lo vi, el mismo hombre que ayer y en el estacionamiento, tomó otro niño. Pasó otra vez. Grité para llamar la atención de la gente a mi alrededor pero de repente estaba gritando en un cuarto blanco estéril inundado de luz. Grité aún más y todo se volvió negro.

Aturdidamente desperté al sonido de máquinas pitando y había doctores y enfermeras a mi alrededor. Los miré:

–¿Dónde están los niños?

Sólo me miraron con piedad pero hablaron como si yo

no estuviese allí.

–Ay, pobre mujer. Esta paciente ha estado aquí durante los últimos diez años, siempre deseando que fuera normal. Entra y sale de los episodios y no sabe lo que es real y lo que es imaginación.

Otro doctor le preguntó: –¿Qué causó esto?"

El doctor respondió: –Según su expediente, los episodios comenzaron poco después de que ella tuvo un aborto espontáneo. Usualmente sus episodios son sobre niños perdidos.

Después de que todos los doctores tomaron sus notas y sacudieron la cabeza por la tristeza, salieron de la habitación y luego todo lo que pude ver fue al niño arrebatador al acecho en la esquina del cuarto.

Giselle Chavez

La última despedida

Era el último verano que iba a pasar con todos mis amigos y mi familia en California. El último verano que iba a quedarme en la misma casa en la que viví por diez años. Mis padres, mi hermano y yo estábamos muy tristes y callados porque nos íbamos a mudar al estado de Georgia e iba a ser un cambio enorme. De aquí para adelante, todo iba a ser muy diferente para nuestra familia. ¡Todavía me acuerdo de la última semana viviendo en California y no pude creer lo que me pasó!

Fue un día muy largo porque estaba moviendo las ultimas cajas llenas de cosas y algunos juguetes que no quería dejar. Antes de salir de mi cuarto, miré mi peluche favorito que se llamaba Fresas porqué era color rosa y, claro, olía a fresas. Yo grité fuerte: –¡Ay Dios mío! ¿Fresas, te estabas escondiendo?

El color de mi piel cambió a rojo porque no podía creer que se me iba a olvidar el peluche en aquella casa. Abracé a Fresas y le di muchos besitos. Al terminar, le di la última mirada a mi cuarto y empecé a llorar. Era un sentimiento bonito, pero muy triste de todos modos.

Ahora, la sorpresa más rara que me pasó. Después de abrazar a mi peluche, Fresas, sentí algo muy diferente. ¡Fresas empezó a hablar! No lo pude creer. Yo salí de la casa y mi familia me estaba esperando afuera en la troca de UHUAL. Le pedí a Fresas que no hablara en la troca porque no quería que mi familia lo oyera. Nos fuimos a la casa de mi abuelita por la última semana y me divertí mucho con mi peluche. Cada día después de almorzar, yo iba a caminar con Fresas y el perro de mi abuelita. Fresas y el perro, Sam, se llevaban muy bien. Aunque Sam no podía hablar como Fresas, se veía que los dos estaban muy felices y, pues, yo también.

Entre día a día, Fresas me enseñaba unas lecciones que, al último, me ayudaron mucho con el enorme cambio de la mudanza. Por ejemplo, después de ir a caminar con el perro Sam, Fresas me empezó a decir: –Mira que Sam y yo no nos conocíamos antes del viaje, pero nos llevamos bien rápidamente. Así va a ser cuando tú empieces tu nueva escuela en Georgia, vas a conocer a muchos amigos, hasta en el primer día.

Fresas tenía mucha confianza en mí y eso me ayudó mucho. También me dijo de todas las diferentes actividades que puedo hacer en la nueva escuela, así como los deportes. Yo nunca jugué deportes, pero si me voy a mudar a otro lugar, es bueno empezar así para conocer a más gente en Georgia.

Estaba feliz porque, de todos modos, Fresas iba estar conmigo en Georgia y además, duerme conmigo todas las noches. ¡Fresas me ayuda a relajarme mucho! Mi familia todavía no sabe que Fresas puede hablar y es un secreto enorme que tengo que esconder.

Al final, ¡nos despedimos de nuestros familiares y nos fuimos a Georgia por fin! Mi familia todavía no sabía que Fresas podía hablar, entonces un día antes de irme a mi nueva escuela me preguntó por qué me iba a llevar a Fresas a la escuela. Yo le dije que, porque estaba nerviosa y teniendo a Fresas, me siento más cómoda.

Perry Barinowski

La travesía fuera del jardín

Allí estás, mi niña. A lo largo de tu vida entera, no has salido nunca del jardín. Nunca has sabido más que el silencio y la calma que es el jardín. Tu madre y yo estábamos contigo por muchos años, pero hubo una vez en que yo tuve que salir por razones inexplicables. Sé que es difícil vivir sin tu padre. Un día, tú entenderás la razón por la que yo tuve que irme. Siempre has vivido en paz, pero ahora, estás desesperada por salir de esa vida. Te preguntas si hay algo fuera de las fronteras del jardín. En medio de los sonidos tranquilos y los aromas agradables, aún no estás satisfecha. Cada día, estás acostumbrada a despertarte y jugar en el jardín. Y por un rato, estabas contenta con esta vida sencilla. Pero ahora, has cambiado tu mente y hay una sensación ardiente que te dice "Ve al mundo desconocido". ¿Hay una mejor oportunidad de descubrir lo que existe fuera de esas paredes altas?

Mi niña, si te pudiera decir todo lo que está pasando, lo haría. Después de decidir que estás lista para ir, empiezas en tu travesía. Estás teniendo prisa, pero, de repente tienes cuidado. ¿Por qué has dejado de caminar? Ah, claro que sí. Sé que tú reconoces ese árbol. El gran árbol en el lado norte del jardín. Siempre me encantaba ese árbol con todas sus ramas, llenas de hojas grandes y verdes. Una vez, cuando tenías tres años, tú y yo estábamos en el jardín debajo de ese árbol gigante cuando un relámpago lo golpeó. Tú eras una niña, pero estoy seguro de que lo reconoces ese árbol y recuerdas lo que pasó ese día. Ahora enfrentas un problema. Solo eres una niña y no hay ninguna manera de cruzar del jardín al mundo desconocido. Mi hija, avanza. Trepa ese gran árbol, tu mejor amigo. Bien hecho. Ahora, continúa y no pares. Camina sobre la pared y ven aquí. Casi estás aquí. Este lugar nuevo te está esperando a ti.

Mi niña, ¿escuchas mi voz? ¿Me reconoces? Soy yo, tu padre. Yo sé que no puedes verme, pero ahora estás aquí. Tu madre vendrá con el paso del tiempo. Cuando yo salí, tu madre me dijo que te debía traer primero. Inmediatamente después, yo desaparecí. El mundo afuera es muy extraño, yo lo he visto. Es la razón entera por la que yo creé el jardín. Cuando vivíamos en este mundo malo, fue un día en que yo decidí crear un mundo nuevo para nuestra familia. Hice esa gran pared para proteger a mi familia. Después de vivir contigo y tu madre, decidimos que yo podría irme del jardín por un rato para examinar la condición de este mundo malo. Por ahora, estamos aquí. Será aceptable vivir aquí por unos momentos. Está seguro este mundo. Pero, en caso de que todo caiga y este mundo se vuelva a desorden, el jardín nos está esperando. El jardín siempre existirá allí, escondido en las sombras. Este mundo y sus ciudadanos no pueden ver nuestro jardín, solamente nosotros podemos verlo. Y por eso, siempre será nuestro jardín en un mundo perfecto y soleado. Si es necesario, siempre tenemos la oportunidad de regresar de nuevo a nuestro jardín.

Alejandra Concepción
Un día azul

Era un día bien frío y oscuro. Laura se levantó temprano para hacer algunas gestiones. Su jefe le mandó un correo electrónico con una lista de cosas que tenía que hacer. Desde que Laura era niña, soñaba de ser cantante. Pero trabajar años y años con la misma compañía solo resultó en que su sueño se viera como algo distante. En realidad ella estaba tan ocupada día a día que, por supuesto, se le olvidó lo que ella quería hacer. El talento ya lo tenía pero por alguna razón ella no trataba de buscar nuevas oportunidades.

Ese día empezó como cualquier otro día. Se levantó, se bañó, le dio comida a su perro y se preparó para salir. Pero antes de ponerse los zapatos, escuchó un ruido. Que será ese ruido se preguntó a sí misma mientras caminaba a la ventana. Eran las cinco de la mañana. Seguro nadie está en la acera caminando a esta hora. Abrió la cortina y miró hacia la casa de al frente pero no vio a nadie, solo los carros parqueados en la entrada. Antes de voltearse, Laura escuchó algo y otra vez miró para ver que podría ser. En el antepecho había un pájaro azul. Pudo ver que el pájaro estaba temblando por el frío. Rápidamente caminó hacia la sala para buscar una cobija. Luego fue a la ventana y puso la cobija sobre el pájaro y lo trajo adentro.

"¿Que debo de hacer ahora? No puedo dejar este pájaro aquí". Sintiéndose mal por la creatura, decidió dejarlo en un hospital de animales. Si lo hubiera dejado allí, por cierto el pájaro se habría muerto. Así que dejó el pájaro con una de las secretarias y se fue para seguir haciendo gestiones. Allí, saliendo de la oficina del veterinario, recibió un mensaje que necesitaba llegar temprano al trabajo. Corrió al carro y se fue al trabajo.

Cuando su jefe vio que no hizo las gestiones se puso muy enojado y la mandó para su casa. Laura trató de explicar su situación y por qué no tuvo tiempo para terminar todo lo que su jefe le mandó a hacer, pero no le ayudó. Se fue para su casa como su jefe le mandó y empezó a oír canciones tristes. Pensó después de media hora, "¿porque me voy a poner triste?" En vez de sentirse derrotada, puso su teléfono a grabar y empezó a cantar una canción. Ahí mismo después de grabarla, la puso en los medios sociales y se durmió para descansar.

Tres días después de postearlo, el video se hizo viral. Le ofrecieron nuevos trabajos a Laura y siempre recordó al pájaro azul como un símbolo de felicidad y esperanza, especialmente para el futuro.

Damian Green

Un cuento sobre el correr

Son las seis de la mañana y la alarma estalla en una sinfonía de ruido molesto. Perezosamente, el corredor golpea la alarma para silenciarla. Hay tres horas hasta la carrera grande. Es algo para que el corredor ha estado entrenando durante los últimos dos meses y hoy va a ser el día donde él puede mostrar todo el trabajo duro que ha hecho. "Este es el día en que yo les voy a mostrar" pensó el corredor. Está muy motivado y piensa que puede ganar fácilmente.

Después de una ducha fría, el corredor hizo un desayuno de los ganadores: frutas, papas, salchichas, cereal y un batido. Él no quiso comer mucho, pero necesitó alimentar su cuerpo para el trabajo que va a pasar. Después del desayuno grande, sintió que este día iba a salir bien y que todo iba a estar bien debido a las preparaciones de antes y este desayuno solo añade la guinda.

Luego, el corredor llegó a la carrera. Hizo ejercicios de calentamiento y se estiró mientras miraba a la competición. Después de la introducción y las reglas del oficial, empezó la carrera. En el principio, todo iba sin problemas para el corredor. Todo es fácil ahora. Más tarde, después del principio de la carrera, el corredor sintió alguna resistencia en sus piernas. A pesar de eso, el corredor tuvo la motivación de empujar, aunque se volvió más difícil.

Más tarde, sus músculos le dolieron y se contrajeron. Estaba gritando para que terminara la tortura, se sintió que no podía respirar y que no podía mover nada. Se sintió que estaba muriendo. Esto es cuando se hace difícil y está probado. Pronto, él quiso dejar todo y volvió a lo que es cómodo. ”¿Debo parar?” pensó el corredor. El corredor sintió que todo iba a mejor para los otros corredores y él no estaba suficientemente listo para esta carrera.

Ya en su cuerpo sintió que algo no estaba bien y finalmente, el corredor decidió dejar la carrera. Paró y se desplomó en la calle sin aliento y de repente los otros corredores le pasaron. Se dio cuenta de que estaba en la ventaja y escuchó los gritos de los fanáticos. Caminó un poco más y pudo ver que la meta estaba muy cerca. El corredor pudo ganar, pero no se dio cuenta por el dolor que él estaba sintiendo en ese momento. Deseó seguir a pesar de sus sentimientos. El sentimiento de parar y la comodidad ya no era satisfactorio cuando él podría haber ganado. El corredor regresó a casa muy derrotado.

Colton Williams

El mito de Adamo

Soy Adamo. No soy de una ciudad grande, pero un pueblo pequeñito. Aquí los demonios vagan por todas partes. Ellos no nos molestan mucho, pero a los dioses no les gustan. Si nos molestan, son cosas pequeñas. Por ejemplo, nos roban, pero nos dejan algunas otras cositas también. Los demonios aquí son tan pacíficos. En realidad, ellos solamente son demonios por sus nombres, porque ellos están en contra de los dioses. Por esta razón, tengo que matarlos. Fui elegido por los dioses para este trabajo. Yo era el único que podía verlos, creía yo, pero todavía no puedo oírlos. Es una de las formas que me deja saber que soy el elegido. Pero descubrí que también hay otras personas elegidas en los otros pueblos y ciudades. Aún hay un grupo de Facebook para las personas elegidas. Muchas personas creen que estamos locos, porque "no existen los demonios", dicen ellos, pero están equivocados.

Todavía estoy luchando con el pensamiento de todo. Hace un año, no creía en las cosas fantásticas, ni siquiera creía en un Dios.

¿Por qué 'dios' significa bien?, pensé yo.

¿Qué es el bien? Yo no lo sé, pero el tratamiento de los demonios no hace bien. Estoy seguro de eso. Estoy comenzando a pensar que los dioses son malvados. Hay sufrimiento en el mundo y solamente se preocupan por el genocidio de los demonios. Necesito hacer algo ahora.

Fui al grupo en Facebook buscando respuestas. Hay otras personas que piensan como yo, pero ¿qué podemos hacer a los dioses? Ellos son muchísimo más poderosos que nosotros. Si todo el mundo luchara en contra de ellos, todo el mundo perdería. Necesitamos algo más poderoso para estar en favor de nosotros.

–Posiblemente todos los demonios juntos serían más poderosos que los dioses, dijo un miembro del grupo.

–¡No!, dijo otro, porque podemos matar a los demonios fácilmente y somos humanos que no podemos matar a los dioses.

Los dioses empiezan a darse cuenta de las personas, incluyendo yo, en el grupo. No están contentos con nosotros. Hablan entre ellos sobre nosotros. La mayoría de los dioses quieren matarnos inmediatamente, pero los otros dioses tienen otras ideas. Por ejemplo, algunos quieren ponernos en esclavitud, pero la idea que gana es cambiarnos en otros demonios.

Nadie sabe que eso es como se originaron los demonios. Nadie preguntó sobre los orígenes de los demonios. Ahora vivimos la vida de los demonios. No creemos que somos seres malos, pero ahora los otros elegidos nos persiguen.

Laura Garza

La herencia

Hay veces en cuando un abuelo o abuela deja su herencia a los hijos o nietos. En esta historia había un hombre, su nombre no lo sabemos, pero en esta historia se refiere a Abuelo.

Abuelo estuvo casado por 53 años con Abuela y nunca pudieron tener hijos. No se sabe, hasta este día, como Abuelo llegó a obtener una gran herencia. Por muchos años, viajaron a lugares de riqueza, comprando ropa, joyas, carros, mansiones, diamantes y todo lo que brillaba o costaba mucho dinero. Por años esa vida les dio felicidad a Abuelo y Abuela, pero llegó el día en cuando tenían todo menos lo que realmente necesitaban – una familia. En descubrir eso, decidieron cambiar su estilo de vida.

Abuelo y Abuela vivieron una vida de lujo por muchos años. Viajaban a lugares que personas normales nisiquiera podían imaginarse. La herencia nunca se acabó, pero el lujo sí. Una semana, durante el verano, encontraron a una isla con nativos que vivían de la tierra. La isla parecía tan fantasiosa. La arena estaba tan suave debajo de los pies y brillaba por causa del sol. El agua era tan clara que mirabas las criaturas en sus habitaciones y tu reflejo nunca aparecía. También brillaba el agua. El viento dio calma y las palmeras se prolongaban sobre toda la costa. En los primeros días de sus vacaciones, Abuelo y Abuela pensaron que ya era tiempo para dejar a la vida de lujo y buscar a otra vida más complaciente.

En los días después, el agua y la arena no brillaban

como antes. Su color y transparencia estaba presente pero la belleza se desapareció. Y los vientos que calmaban hacían frío sobre la piel. En estos momentos se notó que algo iba a cambiar.

En esta isla había una familia – padre, madre, tres hijas y dos hijos. Abuelo y Abuela sentían odio en ver a esa familia tan feliz. Se acercaron a la familia, conociéndose y compartiendo cosas sobre la isla, la familia empezó a confiar en Abuelo y Abuela.

Lo que no sabían, era que Abuelo tenía un plan. Un plan para obtener lo que nunca pudieron tener y lo que nunca le pudo dar a su esposa, Abuela. Las semanas pasaron y en un día, cuando el sol ya no brillaba y el agua se puso oscura y la arena quemaba, Abuelo y Abuela se robaron al hijo más pequeño y dejaron a la isla detrás de ellos.

El hijo más pequeño era chico en tamaño pero inteligente y observador. Lo llevaron a una montaña, donde siempre caía la nieve. El frío nunca se calmaba y el aislamiento solo traía más soledad.

Por años vivieron allí, Abuelo, Abuela y el niño, y por años Abuelo y Abuela trataron al niño como el que nunca pudieron tener. El niño, inteligente y observador, marcaba una línea en la madera debajo de su cama para cada día que pasaba. Creció y aprendió a hacer las cosas de la casa y planeó para el día de su escape.

Pasaron 23 años y el hijo más pequeño ahora iba buscando la isla con la herencia de Abuelo y Abuela. Cuando era niño, Abuela siempre hablaba de una isla con arena tan suave y agua tan clara y el sol que brillaba en la isla como diamantes, y que en ese lugar fue donde dejaron sus vicios y encontraron su paraíso.

Ese niño encontró la isla con esperanza de tomar todo lo que le quitaron hace tantos años y toda la vida que le debían.

Mason Ryals
Perderse

Es un cafecito simple. Lo más importante, no son diferentes a la forma de esos cafecitos en otras tiendas, porque en esta ciudad encontrará cualquier cosa que su corazón quiere. Y hay ocasiones cuando la ciudad solo lo quiere a usted. En Nueva Orleans, es cierto que la ciudad no duerme, no solo por el café, pero también por causa de la gente que la llena. La historia y el medioambiente llena su corazón con sus secretos y enriquece su mente. El misterio que rodea la ciudad crece exponencialmente durante el día festivo *Mardi Gras*. Cuando, aun así, el cafecito es difícil de encontrar, siga la corriente y va a encontrar lo que la ciudad permite.

Casi 10 años antes, yo venía a casa para asistir al festival famoso con mi gente. En esa ocasión "mi gente" incluía a mis primas, mi tía y, por fin, mi mamá. Las dos hermanas que forman mis primas son Miley y Deryl, en el caso de muchos hermanos, son similares en toda forma. A ellas les gusta la misma música, los mismos chicos y, obviamente, ellas no se gustan entre ellas. Mi tía Beulah, es una mujer alta y sofisticada. A ella le gustan cigarrillos específicos, bebidas fuertes y la comida buena que durante *Mardi Gras* llena la calle. Como yo dije antes, en el caso de los hermanos, la mayoría de las veces son similares y mi mamá, que se llama Rachael y su hermana Beulah, no son excepciones. Si Beulah es sofisticada, Rachael sería más que ella. A Beulah le gustan sus cigarrillos especiales, pero mi mamá hizo sus propios. A Beulah le gustan sus bebidas fuertes para escapar el tormento de tener dos hijas, mi mamá solo me tuvo a mí y por eso, le gusta el café fuerte. Al final de la lista estaba yo, tenía solo once años más o menos y también era el único hombre del nuestro grupo. Siempre era el único hombre en cada evento familiar de la clase. Por esa razón, siempre fui independiente y, en general, yo hacía lo que quería hacer. Esto incluía el hablar libremente, el ver a la gente y sus acciones y, como consecuencia, perderme en sus detalles.

Todo el mundo conoce las festividades del *Mardi Gras*. Durante el día de fiesta, mucha gente venía de todas partes para celebrar y beber, bailar en la calle y comer las comidas buenas de nuestra región. Con toda la gente que viene, mi mamá y yo siempre conducimos desde Baton Rouge el fin de semana antes para evitar lo más posible el tráfico. Aun así, la ciudad estaba llena ya. Pero, a nosotros, no presentó ningún problema, mi familia y yo estábamos preparados. Para muchos, el propósito del día de fiesta es para relajarse y disfrutar el medioambiente, pero para los niños como yo, el propósito principal era estar fuera de la escuela. Las otras sensaciones eran una cosa extra. Siempre había muchas bandas que tocaban en la calle, el sonido que sus instrumentos creaban era embriagantes. Pero no era la última cosa que posee ese efecto...de hecho, todo sobre *Mardi Gras* es una sobrecarga de sentidos. Las bandas, las vistas de las personas locas, los olores que la ciudad produce tanto el fétido y lo sabroso, todo representa el espíritu del festival. Todos nosotros estábamos esperando el comienzo con anticipación.

Era la mañana, la mañana de martes gordo, el día que se llama *Mardi Gras*, por fin. Mi tía y primas viven en el suburbio de la ciudad, Metairie, que es solo un viaje de quince minutos al centro de la fiesta. Nos fuimos temprano, probablemente a las cinco, para asegurarnos de que llegáramos a tiempo para obtener un café. Era húmedo y brumoso en una forma similar a una película de suspenso. La niebla funcionó como un escudo de protección de la ciudad y para los habitantes como protección hacia los muchos extranjeros que están esperando para desbordar sus calles. Pero nadie podía detener lo que estaba a punto de suceder. Llegamos al café, hay muchos famosos como *Café du Monde* que los turistas frecuentan y los cafés escondidos entre las entradas de las callejuelas, los lugares que mi mamá y tía frecuentaron durante los viajes a la ciudad como a la una de esta mañana. El café era pequeño, yo recuerdo. Los aromas que lo produjeron no eran nada que socavar.

Siempre me va a encantar el cafecito de mi ciudad, pero en Nueva Orleans, mi parte favorita es el desfile. Gracias a nuestro plan, llegamos temprano, antes de la mafia de la gente. Lo suficiente como cualquier día ajetreado en Nueva York para estar seguro. Ya seguimos la corriente, de la misma manera que un niño sigue a sus padres. La gente llenó los lados de las calles. Para estar en una calle súper famosa, requiere más planificación que lo que hicimos. Incluso ahora, mi familia es más sobre el hacer y no la planificación para todo. Pero ya todo eso no era importante, las trompetas comenzaron a sonar.

Siera Sisson

El mundo

Me encanta viajar mucho. He estado en Costa Rica, Islandia y 14 estados en los Estados Unidos. Este verano, yo iré a España. Yo creo que es muy importante que toda la gente viaje en sus vidas. El mundo es muy grande. Hay muchos países, culturas y costumbres diferentes. Yo creo que es necesario que las personas viajen a otros países en el mundo. Es necesario que la gente experimente las cosas diferentes.

Cuando era una niña, fui a muchos estados en los Estados Unidos con mis padres. Yo fui a Nevada mucho con mi madre porque mi abuela vivía en Las Vegas. Yo fui a Nueva York mucho con mi madre porque sus hermanos viven en Nueva York. Y mi madre, mi hermana y yo fuimos a Florida mucho para las vacaciones. Yo fui a Dollywood en Tennessee con mi madre, hermana y una amiga. Yo celebré mi décimo tercero cumpleaños en Seattle con mi padre y mi hermana. Yo fui a muchos más lugares con mis padres en mi vida.

Para las vacaciones de primavera en 2016, yo fui a Costa Rica. Este viaje fue un estudio extranjero con la universidad de Augusta. Este viaje me presentó a la cultura de Costa Rica. La gente de Costa Rica dice "pura vida" (lo que significa "pure life" en inglés). Antes del viaje, yo creía que solo los turistas de Costa Rica dicen "pura vida", pero, en realidad, la gente de Costa Rica dice "pura vida". Además, aprendí sobre la biodiversidad de Costa Rica. Costa Rica es uno de los países con más biodiversidad de todo el mundo. Finalmente, este viaje me ayudó a mejorar mi habilidad de comunicar en español.

Al principio del verano de 2017, yo fui a Islandia. Este viaje fue un estudio extranjero con la universidad de Augusta también. Aprendí sobre la genética. Islandia tiene una población pequeña y tiene la genética similar, lo que lo hace un buen lugar para estudiar genética.

El mundo es un lugar grande. Hay muchas lenguas, culturas y costumbres en el mundo y yo creo que muchas de las personas de los Estados Unidos no quieren aprender acerca de estas cosas. Mis viajes a los Estados Unidos, Costa Rica e Islandia me enseñaron mucho del mundo. Yo creo que es necesario que las personas viajen a otros países en el mundo.

Maximiliano Lozano

Mundo que no conoces

En un mundo post-apocalíptico, había un rey malo que esclavizaba a toda la gente de su reina y los tenía atrapados. El rey trataba a su gente muy mal, los asesinaba. La ciudad estaba separada en dos secciones diferentes, una arriba de la otra. La gente común vivía atrapada en una ciudad sucia y mugrosa. Los ricos políticos que controlaban todo, vivían en un palacio enorme con comidas extravagantes y todo lo que una persona querría. En el palacio vivía el rey con todos sus compadres. A la gente común les faltaba comida y agua que nunca tenían.

La gente de la ciudad no podía hacer nada porque el rey tenía militares y espías trabajando por él. Pero, en secreto un grupo de gente se juntó para hacer una revolución. Estas personas necesitaban hacer un plan bueno para poder quitar el rey malo del trono y librar a toda la gente. El rey tenía sirvientes que hacían todo por él y los revolucionarios se iban a meter al palacio vestidos como los sirvientes y matar al rey y abrir las puertas de la ciudad para que la gente se pudiera escapar.

En una fiesta en el palacio del rey los revolucionarios consiguieron unos trajes de los sirvientes y trabajaron en la fiesta. Cuando vieron al palacio de adentro, se quedaron con la boca abierta de ver tanto oro y perlas mientras ellos vivían en la mugre y con ratones en la calle y hambre en la panza. Los revolucionarios se acercaron al rey y le pusieron veneno en su vino. Luego el rey se desmayó y cayó muerto enfrente de todos sus amigos, su familia y sus consejeros.

En ese momento la fiesta se puso demasiado loca.

Todos los políticos empezaron a querer ser el nuevo rey con nuevas ideas y se empezaron a pelear. Eso les dio tiempo a los esclavos para el próximo paso. El siguiente paso era rescatar a toda le gente común que estaba sin cuidar por mucho tiempo. Los revolucionarios se separaron en dos equipos, algunos se fueron a decirles a los otros que tenían que empezar la revolución en las calles. Los otros fueron a abrir todas las puertas que controlaba el rey para salir de la ciudad y abrir el palacio.

Después de una gran revolución, la dictadura se convirtió en una democracia con orden y reglas. Los ciudadanos viven mejor ahora, pueden hacer comercio con todos y tienen derechos. También todos los ayudantes del rey malo fueron juzgados en corte. A todos ellos le cortaron públicamente la cabeza en una guillotina. Y toda la gente empezó a vivir vidas mucho más justas.

Lexie Mosley

Un amor a primera vista

Este cuento es sobre la relación de dos personas que estaban enamoradas. Las personas se llaman Alexis y José. Todo empezó en el año de dos mil catorce. Este cuento no es simplemente una historia de amor, se puede ver y entender como dos personas son hechas el uno para el otro. Los dos tenían dificultades en sus vidas o sus relaciones, pero terminaron juntos al final. Todo comenzó en una iglesia en Augusta, Georgia.

Alexis fue a la iglesia Oasis de bendición por la primera vez. Ella fue y no conocía a nadie. Cuando ella se sentó en una silla atrás de otras personas. Al mirar hacia al frente, sus ojos se encontraron con los ojos de José. José estaba tocando los tambores. En este momento, fue amor a primera vista. Pensarías que después del servicio ellos hablarían, pero no fue el caso. Una característica de José es que él es muy tímido y por eso José no habló con Alexis. En la mente de Alexis, ella estaba esperando por José porque ella quería que él hablara. Por muchos meses José y Alexis no se hablaron. Pero Alexis no quería esperar más. Ella decidió irse con otro hombre. Cuando José se enteró de eso se puso muy celoso. Luego José buscó una novia dos meses después.

Dos años pasaron, Alexis fue a la universidad que estaba a cuatro horas de su casa en Augusta. José salió de la iglesia y tuvo una hija que se llama Liliana con su, ahora, exnovia. A la vez, Alexis no tenía novio porque estaba en la universidad. Ninguno de los dos sabía que el otro estaba soltero porque ellos no se hablaban. Pero, un día en abril, José tuvo la confianza para hablar con Alexis. Alexis estaba con una amiga cuando recibió un texto. Ella se sorprendió cuando vio que era de José. Ellos hablaron por dos meses, pero Alexis todavía estaba en la universidad a cuatro horas de José. Pero todo cambió en una semana.

En el mes de marzo, Alexis decidió ir a su casa para terminar sus estudios en una universidad más cerca de José. Porque durante los dos meses donde ellos hablaron, Alexis se enamoró de él. No solo eso, pero, ella también amaba Liliana, la hija de José. En un tiempo corto todo cambió para José y Alexis. Una buena cosa es que José se enamoró de Alexis también y ellos empezaron como novios.

Cinco años después, Alexis y José decidieron que ellos querían casarse el catorce de febrero y lo hicieron en las montañas. La hija de José (Lily) estaba muy feliz que ellos se casaron. Días pasaron y una cosa cambió todo. Alexis fue al doctor para saber si ella podía tener hijos. Y el doctor dijo que ella no podría tener hijos. Alexis estaba muy emocionada. Por muchos meses Alexis estaba triste y no sabía qué hacer. Pero, un día José habló con Alexis y le preguntó si ella quería adoptar a un hijo o una hija. En este momento, ella dijo "¡Si!" con una sonrisa muy grande. Por muchos meses, ellos empezaron a buscar un hijo en el país en América central. Después de un año, ellos adoptaron unos gemelos de Argentina (una hija y un hijo). Ellos los llamaron Harlie y Emilio.

Toda la familia, Alexis, José, Liliana, Harlie, y Emilio fueron muy felices. Ellos vivieron una vida muy feliz sin dificultades.

Después de todo lo que pasó en la vida de Alexis y José, ellos se enamoran y tuvieron una familia buena y feliz. Nada puede cambiar el amor de dos personas que se enamoraron a primera vista.

Frank Iodice

A Perfect Idiot

Rosario Rossi was a kind Argentinian lady with hair a yellow of antique furniture. After offering to help me, she made me promise that I would keep her up to date and give her news of what I was doing, because that's how elderly folks can enjoy long trips without leaving home. I've never had a mother to give news to. I grew up without even having a concept of news. Everything happened for a reason. A beautiful theory, when I think that I couldn't make a decision about either my marital or extramarital life, with the inevitable consequence that I was blowing everything off.

Rosario had assured me that in Naples I'd find people who could use my help. Thus I got back on the train and left for Padua, where I'd meet that Vito Palladino, the parish priest who was organizing everything. The fact that I hadn't set foot in a church for at least thirty years, I'd have to omit. I didn't want to go back being a custodian in another place like the foster home in Sospel, which persecuted me in the most dangerous form an object or person can assume: *memory*. What could I do about it if those poor kids were up there and no one cared to take them back?

The regional express trains of the French company, better known by the abbreviation TER, don't stink or break down all the time, but hide unexpected surprises. I lived in Nice for many years escaping the surprises brought by the TER. This time, for reasons just mentioned, I decided to go about things differently.

I climbed on board while the loudspeaker repeated: *assurez-vous-de-n'avoir-rien-oublié-dans-le-train.*

Doing what you shouldn't do is a beautiful problem, because after a while you don't know who you're looking at when you see yourself in the mirror. I lost fifteen years this way, working at the wrong job. It was best to think at least about this: I learned nothing from other jobs, I did not paint, I did not sell, I did not teach, *not*, that's how I would summarize my situation. All of me was in that *not.* I did not exist. I did not do. *I not.*

Monday evening, 8:00 p.m.

I was in Padua, surrounded by dozens of statues of popes. The bells of at least three churches were ringing and the statues were dancing happy.

Don Vito worked in the Statistics Library on Via Cesare Battisti, a small street full of arches in the city center. They opened at eight in the morning, so I spent the night in a cheap hotel near the Theology Department. The front door of the hotel was right on the corner of a side street. Black tunics were going in and coming out, a little store selling holy garments and calf leather shoes flickered under the arches. I was surrounded by real and wannabe priests: there was actually a seminary full of kids ready to embark on that path. It seemed like an assembly line.

I made myself comfortable in a room on the second floor of the big building, an ex-convent turned into dormitories, a place that would have made me shiver if I'd looked at it in the light of certain memories...

Coming here just to talk about Naples with a priest I had never seen before seemed a little crazy, not as a thing in itself, but because I didn't have a dime, maybe not even enough to pay for the room.

It was still summer in most of the city, except the narrowest alleys, where, however, I had no need to go.

~

When I was a child, there weren't as many rules as there were at the Yellow House, kisses forbidden, scheduled times to get hungry, others to be thirsty.

After the disappearance of my parents, who died under the rubble of their own apartment (still to be paid off), I had to get by on my own. The explosion was the fault of an old guy on the second floor, who left the gas valve open all night. When the first switch got turned on the next morning, which happened to be the one in my parents' bathroom, the whole building went down. No survivors except me.

They put me in some other place. I don't even remember who told me everything for the first time, because I must have been very little when it happened. However, I read about it in many newspaper articles, which Rosario, believing she was performing an act of love, had cut out and collected over time. Love works like that, everyone tries in their way. And that's how a seventy-year-old prostitute can become your adoptive mother.

During the first years, there were a few moments of nocturnal delirium when I became convinced that she *was* my mother, and, since she was ashamed of it, she had preferred to invent everything and to choose a page at random from a chronicle of Naples folklore, not without interesting sparks, in order to decide who to reveal the parents' identity to. I lived for forty years without knowing who my father and mother were. Only the protagonist of a South American soap opera could have understood how I felt.

I was taken to a foster home, a kind of public institute, in an Eighteenth Century building on Via Leopardi, not far from Posillipo, in front of the red sunset of my city. It was the sunset of sacred fire, the same that flowed underground and spread in reflected, invisible forms through the air we breathed. My people were all in that fire, they were part of it. There wasn't anybody from Naples who was immune to the psychological heat of Vesuvius. In spite of the *psychological heat*, the place where I lived was humid. I recall the chill I felt when I arrived, but maybe I brought the cold along with me, a little carrier of shudders. The social workers put me in the arms of a sister (the sisters, all of them hairy and fat, ran the place) and she caressed my face. Her hand was rough, her breath stank like the stagnant water in those vases filled with roses in front of statues of the saints.

'What's your name, beautiful boy?' the sister asked me. I didn't answer.

Regarding Naples and my infancy there are many details I could reveal. I recall everything with a certain clarity, and yet, I realize I spent all that time trying to forget it. I remember the noisy streets, the sounds of people and things, life in a tumult amid the stalls in the street markets, the music made by dragging out the last syllables of words, the struggle against daily tedium thanks to the means the other children and I could rely on: our mouths and our hands. Naples was thus a cradle of human and marine forces, and you could feel it, all you had to do was listen in any street. Your bones, and not your ears, knew how to listen. It is the bones that are forged with the music of my city, from the alleys of Forcella to the cement monsters of the business district.

Life, for a child like me, didn't look like it was going to be easy. I would have neither a healthy, long-limbed body, nor a thick head of hair full of light. I wouldn't be nourished with high-quality food, nor would I hang out at athletic centers with the water polo teams, nor in gyms, much less libraries. In Naples I couldn't ever carry a book around without being mocked by the other kids, because the other kids hated anyone who rebelled against resignation.

I began to take refuge in reading. I read other people's stories because I didn't like my own, and I had the innocent illusion I could escape it. Escape is the dream of the poor. I got novels by foreign authors in the Resina market in Herculaneum. It was a huge place, especially for a child. I could stay there for entire days. I remember that these enormous containers would arrive, full of old, used clothes. Inside the German jackets and overcoats, the American, French, English uniforms, you could find all kinds of objects: watches, post cards, ball point pens, eyeglasses, the property of whoever had worn those clothes, unaware that one day an amorphous mass of kids would inspect them. With the avidity of the famished, we ransacked everything. The others looked for money. I looked for books.

For me, just taking in the smell of those old clothes (in Neapolitan called *pezze)* was enough to make me imagine leaving one day. Sometimes, inside the pockets, there were old books, I appropriated them without having to compete for them. It was stuff that rarely sells, that you could take away with you for a few cents. I was little and dirty, I passed unobserved under the stalls of the vendors who sang like roosters. They invented songs to attract clients and the beautiful girls who passed by. A woman was an inspiring muse, a weight-bearing pillar of that society. I carried with me a cloth bag stolen from the sisters and filled it with everything I could load on my back. I fell in love with book covers, like those on the first Molinard editions, without drawings. Before knowing the contents, I could smell them. For me, reading was from the beginning a physical activity. The weight of those bags stolen from the institute was intolerable, and yet no one forced me to do it. Then it became a mental activity. Not only did I learn how to read, but to do so in various languages. All I had to do was find the same novel in Italian and make a comparison page by page, sentence by sentence. When I left the convent, at the age of eighteen, I was ready to go live in another country, and that was how I ended up in the south of France.

~

This story began on the train, shortly before I arrived in Padua. I was in the only occupied compartment. The others were all empty, besides two people in the first, at the back of the car. I landed in one of those middle seats:

sitting there you don't know where to look or what to think, because you're all so close together that it seems the others are reading your thoughts.

Across from me was an Indian guy, jeans, a purplish red shirt, a golf club symbol, or something similar, embroidered on the pocket. And a broken nose. To his left was a woman from Genoa who was betraying her husband. I know she was from Genoa because we chatted a bit, and she told me she'd just spoken with someone who was waiting for her in Verona while her husband in Genoa was waiting for her, pissed off, because he'd been looking for her for two days, and other similar details that, like the golf symbols, weren't important for me to know. And I know she was betraying her husband because an hour later he called her, and she said to him that she was leaving to return to Genoa.

To the right of the Indian guy, whose name, if he was the owner of the tennis bag above his head, had to be Bapinu Bando, a crazy young Roman woman was sitting. I know she was crazy and from Rome because when she arrived she asked everyone if there was open seating and free drinks like on trains in Rome, (I answered yes in order not to contradict her).

To my right, next to the window, was a guy with eyeglasses watching a foreign film in black and white. He was wearing headphones, but one of the protagonists, a monster with a deformed face and a mild, solitary mood, said *Oh Scheiße*! I read it on his lips. Now and then I glanced sideways to see what had become of the good monster, until the owner of the computer lowered the screen so that only he could see it.

And the sixth passenger, on my left, was a French-African girl, with a low-cut neckline that got noticed by all the men who passed by. She listened to pop music without headphones and no one asked her to lower the volume.

The Indian guy (and this is why I believe that everything began on the train) also had with him, besides the athletic bag, a large box wrapped in transparent scotch tape, which had changed the structure of the box, both holding it together and deforming it. The box bore a writing in yellow, *Banani Bazar 110 Dahkra-1213 Bangladesh*, and finally there were telephone and fax numbers, 0088-02-800, etcetera.

In the outskirts of Vicenza, everyone got off, except Bando. We hadn't exchanged a single word because he was busy the whole time staring at the girl next to me, and I hadn't wanted to interrupt the noisy breathing of his broken nose. Now and then he smiled at me, but it was like he was smiling at himself. Now he had his shirt unbuttoned and you could see a white undershirt with his chest hair peeking out, black and thick. With his clean and perfect nails, he looked like he had just stepped out of a beauty parlor. I hadn't had a shower in two days and I had a hole in my right shoe, that I covered with the left one.

At a certain point, the train braked and the big box fell on his head. A sharp blow. Poor Bando, doubled over, looking at my feet!

I stuck my head out of the deserted compartment. I didn't know what to do, whether to call for help, or not to call in order not to be accused, TV cameras, inspectors, police, next station, purplish red shirt. No one saw the blood running from his nose–but the nose was already broken! He still had the puffed up cheeks typical of his people, smiling even after death. It was prohibited to touch the victim, there might be invisible fractures and a careless movement could be lethal. I could hear the first aid manual in my head, and I listened while the sweat began to run between my toes. It would have been much simpler to reach a decision about my life, which felt like an existential tragedy with no exit, or to continue to take refuge in books. Instead of running into a guy and a box, both bruised.

For almost an hour I went on with this dilemma. It was like a television quiz show: in order to know the right answer you have to try, or you lose everything, both the money and the answer. Bando had his hair combed just right, a shiny black, smooth as a horse's mane. He was there, smiling at me in silence. Maybe he wanted to tell me something. Every time someone dies, you get the strangest ideas about what he wanted to say. All of a sudden, someone who dies becomes a custodian of ancient secrets. And Bando carried a secret with him: the contents of the box, were they bananas, underwear, or something heavier? Maybe precious stones. A guy who arrives from Bangladesh with such a big load and the clean hands of a ballerina could be a merchant charged with delivering ten kilos of jewelry. He who dies can be anything at all. But he wasn't wearing rings, his pudgy, hairless hands were devoid of the kind of gems you see on the hands of people who sell them.

One time, when I was a kid, I knew someone who sold precious stones. He was from Pakistan, his name was Massimo because his real name was unpronounceable. This Massimo wore a ring on every finger, except the thumb, and played a kind of draughts with triangles. I was only a boy and Massimo had compelled me to transform my playing piece in this horrible game without imagination. It was only a matter of dice: you rolled the dice and waited for the highest number.

Anyway, if he didn't have stones, it had to be something equally heavy, because Bando was broken in two.

There's no one on this train, I said to myself, maybe it's a sign, maybe it means that I need to carry poor Bando's mission to the end and deliver the merchandise. Let's imagine for a moment that there are precious gems in that box. I could buy a ticket for myself and all the children, even if it isn't a great idea to take away with me fifteen kids, who are looking for a home. Thus, prey to all these fantasies, I took the box. It was sealed with scotch tape, in a few places it had gotten soft, it felt like I was holding in my hand a ball made of paper and socks. I squeezed it under my arm, holding the side with the writing against my body, and slipped away in silence. Every empty door restored relief.

The following station was Padua. I had forgotten the reason I had left. Adrenaline makes you forget everything and turns you into an animal, which can get by with only instinct. Abstract thoughts are an invention of civilization.

I got off in a hurry and headed straight toward the exit. The sky was gray, it melted into the ceiling of the waiting room, for which reason I had the feeling of gasping under the surface of water, coming up again to breathe. Only when I crossed the threshold and slipped into a group of students following crosswalk lines traced on the piazza, did I feel secure. On the other side, under a marble portico, in the shade of a huge lighting shop, I finally turned around and checked the movements of the railway personnel. Nothing awry. There was a local police patrol, fat agents chatting with a newspaper in one hand and a cigarette in the other. The train had already left.

Wednesday morning, 6:30 a.m.

A humid city full of papal statues made me shudder, but maybe that's what I needed in order not to think about the children's library, the only thing worth fighting for.

I had to meet that priest, Don Vito, and I found myself laughing because, when it came to priests, Padua was full of them. He could have been any one. According to Signorina Rosario, the library where he worked was nearby, in the old town, Via Cesare Battisti. Early in the morning, I went there to take a look around. Shortly before turning into the little alley where the library was, I found a small piazza, swept clean. People were in a hurry crossing each other's paths.

Like a river, we choose the same direction taken by others before us, but sometimes there's someone who's more comfortable going another, opposite way. One of these was an old man with his hair pinned up on his head, who stood there, in the middle of the piazza, not moving, staring at the roofs of the houses.

I went into a bar that was still closed. The owner excused himself for not having set the tables and invited me to sit down in a room ready for lunch or dinner, or for a wedding. Then I excused myself because I didn't have money for a tip, I only had change for a coffee, which wasn't even good, so bitter that it made me think about the following: the flavor of coffee depends neither on sugar, nor on the quality of the beans, but on what you have in your mouth before drinking it.

I drank that bitter coffee and I tried not to think about the kids, or the cat. It was easy only to forget my wife, or ex-wife, I didn't know how much time, technically, had to pass before I could give her the new title.

Across from the half-empty room of my bar, the figure of an old, sprightly guy revealed itself. He had greasy hair and wore a Tee-shirt that stuck to his belly. And he had this dazed air: I'm going this way, no, better that way, he seemed to be repeating to himself, which consoled those who, like me, didn't feel like the only imbeciles in the whole piazza. The old man turned toward the bar and made a tiny sign in my direction, one of those cordial gestures you exchange when alone at the doctor's office or a bus stop. I returned his gesture and I kept staring at my cup. He kept looking at the roofs of the enormous buildings behind which bell towers and bank signs stood out, and the morning light, a little less cold, continued to replace the nocturnal.

It was impossible to forget the children, it wasn't even what I wanted to do. I needed to make order in recent events and to understand how I might transform a memory that hurt into one that could do me good. I was only a custodian and couldn't have done anything to change the rules.

The smell of the croissants arrived along with my theories on life.

The guy with the belly and the Tee-shirt drew closer, cursing in dialect.

The same apologies from the owner of the bar, another smile at me and my cup. It was then that I noticed a detail about his dress: the elasticized Tee-shirt was in reality a kind of uniform made of that synthetic material used for aprons and shopkeepers. And he had a white band around his neck that left no doubt about it: the guy was a priest, yet another one, and this information seen in this manner wasn't disconcerting, given the city where we were, not as much as what I learned a few minutes later.

'He might know of the place you're looking for,' said the bar owner.

A golden wave passed under our noses. The perfume of hot sugar can help you when someone presents himself to you in these terms: 'I'll go with him, don't worry about it, I work there. The library that you're looking for' (he was addressing me with the informal *Tu*) 'is here nearby, at the end of these arches. They open at eight, but if you hurry, I have the keys'.

'I'm in no hurry,' I said. 'On the contrary, it's better if I spend a little time here'.

The priest, perhaps because he was a priest, understood that something was wrong. He asked me, and I told him about the children, about Meli and my desire to leave. He paid for both our coffees.

'How did you end up in Padua if you're going to Naples? Did you get lost in the fog?' he asked. The bar owner laughed. The croissants laughed, too.

I explained: 'I'm here because I don't have a cent or a job. A friend in Ventimiglia told me that I'd find a priest here, yes, in short, a colleague of yours, who was looking for people to help open a new library. Don't take offense, but I've never liked priests, and yet, if this colleague of yours could give me a hand and help me get away, I'm ready to pretend to be a believer. You see, I've been a custodian for years, I work at night, and during the day my wife squanders all my money'.

'What's the name of your friend?'

'Rosario Rossi'.

'And what led you to believe her?'

'I've known Rosario for many years. Before I got married, she was the only one to give me a tip. You're about to do something stupid, she told me, and things would always turn out the way she predicted'.

The priest's expression changed, showing all the wrinkles of someone his age. It was a sweet transformation, like what you see on the lips of children who are taking their first communion and know they won't be able to turn back. The road to sanctity has been traced, from now on I have to be good, those poor kids repeat to themselves, but why? Sometimes it's nice to be bad, what a curse, the guy upstairs is aware of everything it seems, I have to stop thinking about naked women, I have to concentrate the way the catechist says, otherwise . . .

Anyway, what had I said now? The priest turned toward the bar, took a brioche, the one I was staring at, he divided it in two with the solemnity of a rite, and said, 'Take. Let's share this before talking about your trip. Yes, I'm Don Vito. And don't look at me that way. What were you expecting? The Pope? The only thing we have in common is the same brand underwear!'

From this coincidence (not about the underwear but meeting the priest so casually) I should have understood many things, the first being, that coincidences don't exist without our intimate will to recognize them as such.

Padua. Friday afternoon.

Don Vito Palladino. Not much hair, stiffened by brilliantine, a cream no longer obtainable, kept in five kilo jars for many years, in order to save, he said, and a shining belly. He thought back on his youth with the bitterness of old people.

As a kid, Vito had been terrified of taking the train by himself. Every time he reached the entrance to the ramp going up to track D, the Ventimiglia-Grasse line, and he plunged into the river of people about to climb on along with him, he stared at the hands and feet that were passing before him. He followed their rapid breathing, the arrogant pushing, he felt like a tiny gear in a perfect machine made of hands and feet, because in the end, he repeated to himself, this is the world in which we have to live, staircases of rotting wood climbing in the same direction. Was it then that he began to fill his head with that rubbish?

Every evening, during what he did not yet dare to call *prayers*, the young Vito wondered how much longer he could stand all this. His breath became heavier, as during a nightmare. His head seemed consumed by the thoughts. And the years passed and his belly grew, his shoulders became weaker, as it happens to someone who no longer succeeds in carrying the oppressive weight of existence. I get weak, he repeated to himself.

When he saw the Marbella with the pink interior pull up, he wondered how to introduce himself in the presence of a little girl.

He saw them get out, the two of them from one side because they had parked next to the walls of the Department. Two people and a cat in a bag. He went over to meet them, introduced himself without looking the older one in the eyes, but keeping his gaze down he could see that her legs were just like in the Seventies.

'I shouldn't have contacted you so suddenly. I hope I didn't cause any problems'.

Don Vito looked at Rosario in the eyes and said: 'I was expecting you'. And he said to Odette, 'I heard a lot about you, *bella signorinella*… That was brave of you to grab the cat and leave!'

Odette did not smile at him. She too hated priests, but when Vito offered her a chocolate bar and winked at her, she began to change her opinion.

Rosario asked to go in and sit down somewhere. They left the girl on a bench before the sacristy. The cat looked around and trembled. That place made him shiver, it was dark like in a coffin. Neither he nor Odette had ever stepped inside a church.

We adults use words like socks: at random. I could have told Odette so many things, instead I made her a list of all the evils I had suffered at the hands of the sisters. I couldn't imagine that one day she'd meet a priest who might teach her something good.

Let's hope that Meli arrives soon, Odette thought. She tried not to look at the high, dark sculptures. Why are they so sad? she wondered, why don't they smile, or sing or kiss each other? She used the change that the old guy she had met in Nice had given her, she inserted the coins into one of the boxes, and when she heard the metal clinking at the bottom, she wished for the statues to smile, but it didn't work. Maybe more coins were required.

Her friend looked at her with the apathetic hopefulness of cats. The faces of the saints were still as hard as stone. Not a single smile for little Odette. Bored, she took the pastels out of her bag, she had to dig down under her treasures, and she began to draw her dreams, a pink house, smiling seagulls . . . Drawing a dream is almost like realizing it.

In the meantime, behind a heavy door, in weak lamplight, the only two honest sinners I knew were looking at each other with mistrust.

'So tell me the truth: that little girl, you didn't kidnap her by any chance?'

'Now you think I've started kidnapping kids! She did everything alone, at most she got help from the cat!'

They hadn't seen each other in almost thirty years, since Vito had taken his vows and she had withdrawn into domestic silence in the apartment of the family she worked for. Rosario lived on the last floor of a Fascist building not far from the station. In the apartment she took care of the relics belonging to an entire family. Now each piece of Rosario's furniture, from a veteran's camping bed to the satin armchairs with the late nineteenth-century porcelain buttons, represented a piece of that family to her. When they'd all died, only the furniture remained with her.

Vito was also surrounded by old benches, marble tables, all of it heavy stuff, a kind of imprisonment.

'Much time has passed'.

'Much,' she said. ' Maybe Odette arrived at the right moment'.

'Maybe, or maybe we flushed thirty years of our life down the toilet! I would have liked to have left this place so many times, and instead I've been paralyzed with these clothes stuck on my back'.

'Let's not start in now with the sermon. Mass is next Sunday, don Vito'.

'Don't call me *don*,' he said.

'That's what you are,' answered Rosario, 'you chose this'.

She pointed to the massive golden cornices, the Carrera marbles and the Sunday tunic, as though it were a rag to wash the toilet. She brushed it with the back of her hand, and even if it was supposed to be a gesture of contempt, her hand trembled a bit.

There they were, they knew each other since I was still eating Ziguli, and talked with the resentment of two people who had loved each other. Vito gulped back saliva. Rosario sucked her hot *mate* and stared at him with familiar suspicion.

'So, it's here that you've spent half of your life as a little virgin?'

'Rosario!' don Vito said, almost as if it were serious to joke inside his church, something he himself did. 'You haven't changed at all...'

'I've heard that one a million times,' answered Rosario. Such a pathetic phrase, heard on television, in the street, read in books, 'life is full of *you-haven't-changed-at-all*, Vito. Perhaps in any corner of the world there's someone saying to someone else *you haven't changed at all*, with the vain hope that she will do it, will change and become just the way he wants'.

'Or *she* wants'.

Signorina Rosario Rossi was also a little bit of a philosopher. Her philosophy softened by years on the street and in rented apartments, cold spaces shared with soldiers and refugees, lovers made happy for a few minutes before returning to their own existences deprived of emotion. Long years in which she would have liked to have seen him appear. Something that, in fact, hadn't happened before now, and that, thanks to a child who popped out of nowhere, they were now talking about. They discussed it as though in a courtroom: you, Signor Palladino, how many more years were you thinking of being on the run? And you, Signorina Rosario Rossi, why didn't you ever get in your Marbella and drive all the way here?

Odette, on the other side of the door, listened to everything with keen interest. It was a life lesson, or one about love, a language to learn and use one day or another. The cat's whiskers shone under the candles. Its clear eyes now as black as two balls of coal, he kept them wide open because one of those saints might at any moment come down from his privileged position and rip him from the warm hands of his young friend. Odette reassured him, she felt he was terrified because he stiffened. She whispered sweet promises of ham and squirrels, and told him the epilogue of the story, which only she knew. With the patience of someone born wise, she waited for those two to exit from there.

'It hasn't been easy for me to get by on my own. They left me the apartment, but for everything else I've had to manage myself'.

'I can imagine...'

Vito had in his mind the last and not exactly romantic scene before he moved to Padua in 1976. He was at the seminary, he had already begun his course of study, but harbored an intimate desire to change it. It was as though he were wishing for the push to come from the outside, from Rosario, why not! If she'd asked him to, he would have given it all up. It was then that they had started to see each other. They met Saturday evenings, every time he was able to escape to the center of town. There wasn't any public transportation, and it was a hard trip by bicycle, especially in winter. Vito had pedaled for hours on the little dirty roads in the valley. Rosario had loved him and listened to his promises, had believed him with the ingenuousness of fools. And then, at the end, he gave her the news that he was leaving: he had chosen the Church. 'What ballbreakers!' she had said. 'All Italians are the same,' and she had laughed before running home. Once she'd seen the bicycle disappear behind the corner of the station, she had cried.

But Vito had seen with his own eyes: her body, the mixture of colors, pink, white, her fair skin moving over someone who wasn't him. It was Rosario's back, he had recognized it, as soon as the bedroom door was opened. He had done the right thing in leaving her, in choosing a loyal companion.

'And yet,' said Rosario, 'there's something you never explained to me'.

They both knew what or whom she was alluding to. 'The banker's son!' he said.

What was that, the title of a film? A light erotic comedy? Or the feelings kept in his throat for thirty years? A single word, or rather three, *the, banker's, son*. He had repeated it to himself a bunch of times.

'I was sure of it!' Rosario laughed, a bitter laugh. Her puffy yellow hair moved about lightly, but was stiff like a fake plant. 'But that evening, when we saw each other for the last time, you remember?'

'Of course I remember. You still had sweat running down your face'.

'That evening, dear don dummy Palladino, the landlady's granddaughter was in my apartment. She's married to the guy you're calling the *banker's son* and who instead was then only a cashier at the bank. I don't know why you believe that it was me. You recreated everything in your head. YOU betrayed me!'

It's not possible... the priest repeated to himself, that was you, I was sure of it, same skin, same hair... all this time...

'And then,' Rosario added, 'you knew I'd been with thousands of other men before you, so what difference would it have made?'

'I didn't care at all what you'd done before. We Italians, you should know, distinguish between *before* and *after*'.

'In Argentina it's the same! Do you think we enjoy cuckolding each other? If you're with someone, you're with someone'.

'It was that *someone* that wasn't clear to me when I left you, because it seemed to me that the guy, he was the banker's son, and the woman on top of him—'

'Enough!' Rosario interrupted him, 'I told you it wasn't the son, but only the cashier! When you come to Ventimiglia next time, I'll introduce him and his wife to you'.

'I'll have to make them turn around in order to recognize them'.

Odette came in. She was hungry and tired, she had been up since seven. The cat preceded her, slipped under Rosario's dress and spied on the rest of the conversation.

'When will Meli and her boyfriend come?' asked Odette.

'I didn't know they were a couple'.

'She was the one who decided on it. I don't know where he's gone, dear. Not even Meli has been able to find him'.

'Rosario!' Vito said, 'we should explain to your friend that I can't send him to any city in the south. There will be no library for children, if we don't find the money. Why did you ask me to stage such a farce?'

Odette pressed herself against the big thighs of her *grandmother* and listened to her answer.

'I did what any other adoptive mother would have done. I asked you to show him the photographs and to promise him that you'd send him there to keep him out of trouble. But I'm afraid I didn't succeed'.

Meli arrived at the arranged location. The gates of the church were closed, it looked like an ancient asylum. Meli looked around. Her sleepy expression, the one I remembered, had disappeared behind eyes wide open. She rubbed her hands as though she had the lamp and the genie might come out. The street was empty, the bars silent, the university buildings and library closed. Only a lady dressed in colors ranging from red to violet could be seen, far away, limping along the arcades.

When she got closer, the woman excused herself and announced she was tired of wearing high heels for a whole day. She wore them to the market and the movies, but now she couldn't take it anymore. Her complaining shook up Meli, who asked: 'Rosario Rossi?'

'Who were you expecting?'

Meli laughed and hugged her. 'Where's Odette?' she asked.

'She's with Vito, in the garden. Come, I'll take you there'.

Rosario could give sweet looks, but her lips remained closed after each word, severe with everything to come. While she spoke, she forgot the bitter years inflicted upon the *young* Rosario, and the *old* Rosario put into practice all the wisdom she had collected like mushrooms during long walks in the woods. But in the silences that followed, she felt again the regret about not having been able to choose a single path and being forced to wander until so late in life. Some people, finally, don't follow any path because *they* are the path.

Rosario took Meli by the hand, like no one had done to her for years. Even for Meli the same rules applied, few contacts with adults were permitted, constant hesitation about indulging in a hug or staying among random objects collected here and there.

Meli looked at her with a sincere gratitude that needed no explanation.

'Come, dear. They're here, in the courtyard'.

They could already hear Odette's laughter. She was running after the turtledoves.

Odette ran toward her; the courtyard became a lighter, fresher place. 'Meli! Meli!' she screamed.

Meli let go of Rosario's hand and took the little girl's smaller one. Three generations had exchanged this ancient and simple gesture in a few seconds, and now each one was crying in her own way: Rosario letting big salty drops come out with a quiet conscience; Meli, in disbelief, agitated by the subtle fear of a woman who is self-confident and yet full of insecurities; and Odette, still at the beginning of the walk.

'Maybe it's the right time for her to forget her mother! That crazy alcoholic who abandoned her,' Rosario said loud. Vito held her back taking one arm, otherwise she would have made the situation worse. What had that girl done to end up in the hands of two nut cases? While she hugged Meli, who got down on her knees to embrace her, she glimpsed at the priest and the ex-prostitute before they wrenched themselves away to decide who was better able to take care of her, then drew closer and united in a kind of embrace.

But what would have happened if Meli had telephoned the Yellow House? Half of those present had a desire to find out. Rosario, because she couldn't take the situation any longer, and Vito, because he was afraid of some scandal that might hurt the Order he worked for. We are always working for something, or someone, directors, clients, patients, or even divine office managers, as in the case of don Vito Palladino.

Meli and Odette stood back up, they seemed to have decided not to give a damn, they wouldn't call anybody. From that moment on, they were a family.

They all sat at the bar of the Paduan who teased passersby and was alone now; the waitress, or his daughter, had gone out with friends. Rosario and Vito, on two high stools, ordered Spritz with sparkling wine and toasted to something private. Odette sat on Meli's lap and, exhausted, fell asleep. The cat played between the delicate, naked ankles of the girl. She was wearing her floral skirt again, like the last time we saw one another. Perhaps she had in mind to pick things back up from there.

~

Meli wanted to keep Odette far from the quibbling French bureaucrats who would take months and months before giving her a real possibility to choose.

She spoke at length with Odette while caressing the cat's soft head. His thick fur, black and shiny, followed the sense of the words. He was a cat gifted with a rare ability to understand what human beings said, in spite of the clear differences between our languages. A useless language, made of sounds, of words said and said again, that lost their original meaning, as though this were not as important as the real necessity to free oneself of them. We human beings, therefore, are only unconscious liberators of words.

'You want to know what we're going to do now? I'll tell you Odette. First of all we're going home, but not to Sospel. We're going to my place. I live in Fabron, close to a park where we can go study, have a picnic, or take long walks. We'll clear everything up with the General, don't worry. I don't work there anymore. It'll be much easier to fill all the papers so you can stay with me'.

'You mean, with both of you?' Odette asked.

Meli answered, 'We will see'.

Odette took refuge in the melancholy of her big blue eyes. She missed her little sister. She wondered whether, when she grew up, she would be beautiful like Meli or Rosario, who, in the meantime, was laughing at don Vito's dirty jokes, 'Why don't you show me that cameo? What's it for? You didn't know that I had a burning passion for antique jewelry?' and other questions of this kind.

The priest had already unbuttoned the white collar of his habit. He was adjusting the tuft of hair stuck to his forehead. If it had been up to him, he would have gotten undressed straight away to pick things up where they'd left off last time.

'I didn't tell you where we found the cat!' Odette said.

Don Vito didn't listen to her, he was perplexed. In his brain, a brain like that of all men, there was now only a word that repeated itself mechanically, a disturbed radio signal. And Rosario, in spite of her years of inactivity in that regard, had kept, with some degree of caution, an intuition for men who repeated that word, so roundish that it could fill the head of two people at the same time.

The little girl watched them, bored. The cat yawned. By nature he loved the calm of hot spots, like Odette's little, soft arms, he was a cat deprived of his testicles, turned into a slave for the sadistic pleasure of Men, a stuffy toy in the end, and perhaps for that reason there was nothing left for him but to enjoy the long quiet afternoons sleeping as cats sleep.

'We found him at night,' Odette continued, 'in the back of the garden. He arrived in a flash of lightning. I remember it, lightning, cat, that's how he was born. It was me who heard him crying. He was so little, a little black cat, all soaked! When I carried him home, the one on duty screamed: it's forbidden to bring animals inside here. I started to cry, but secretly. So starting that night, he was allowed to come under the arches to get out of the rain. We made toys for him. He chased all the other cats away. There were so many before he got here. They're all gone now'.

Odette spoke about that place as though it were still her home. A moment later she described it as a place from her past.

Vito asked: 'Are you hungry, Odette? Take the *piadina* with the spicy pancetta and gorgonzola cheese. They do it very well here!'

Rosario gave him a slap and asked: 'What do you eat with your friends?'

'*Piadina* with gorgonzola!' Odette said, and started laughing.

Vito picked her up and scored a point.

They walked together toward the church. Rosario told the little one more about herself and her past, not allowing don Vito to meddle too much.

'I went around the world up and down with my Company,' she said to her, 'we even went to Africa to make a film. I was a delicious morsel. I had long blond hair, I always wore it loose, like this, over my chest, see? One evening, while we were going back to Togo Ville, if it hadn't been for my hair, we would have all been shot!'

'Really!?' asked Odette.

'We didn't know that there had been a rebellion inside government headquarters. There were dead people everywhere. And a Jeep coming from the forest and going toward the center made the soldiers suspicious. Black soldiers, tall as cupboards. They had rifles this big in their hands. They were about to shoot at us, they would have killed us and left us down there in the woods! But someone yelled, let them pass, *les américains, les américains,* because they saw my hair and thought I was American. I was sitting in front, you understand, Odette. The technicians always let me sit in front because I was the only woman'.

Odette caressed her hair while Rosario went on. It seemed as though, at the end of the street, there were African soldiers who were waiting for them with machine guns pointing in the air. Rosario had the same courageous look as the bold girl she had once been long ago.

'Another time,' she continued, 'we were on the yacht of the Motta, those of the *panettoni.* They were always taking us around on the yacht after the fashion shows. We were going to Sardinia, but there were high seas, so much so that the coast guard had forbidden us to leave. The waves were so high and the boat couldn't get ahead. They came to fish us out after two hours and the proprietors ended up with a big fine. Get under cover, they screamed, but I didn't want to pay attention, I continued to bail out with a pail, completely soaked'.

Odette felt the violent waves of the Mediterranean beat against her cheeks, as she listened and imagined. It was better than a geography lesson. That woman knew about life, and how!

'You, little girl,' Rosario said to her, 'when you grow up, you'll have to learn how to be cunning. They always told me to stay at home, in Los Olivos. When I was young, people thought that if I left I'd become a... but then those who stayed got themselves pregnant!'

'Stop telling the little one about those things!' Vito said.

'Shut up, you!' was the answer. 'You have to pay attention, Odette,' Rosario continued, 'do you understand what I mean? You have to learn English and get your passport as soon as you turn eighteen. That way you can sneak out and go wherever you want, the way I did. Don't listen to folks like him who'll tell you that you'll become one of those... if you leave! It's only because no one taught them what you need to do in order not to get pregnant'.

Odette listened, absorbed.

Rosario stroked her in a gesture of approval. One week with her and she'd become a woman! Rosario had the voice of those old ladies encountered at the Yellow House during those boring volunteer programs. She and her friends were divided among the adults the same way you make soccer teams in the backyard. Odette was a clever observer of minimal gestures: that hand going up and down on the head was one of those gestures. It meant that this time they hadn't assigned her any old tutor. We'll never know, in reality, how Rosario appeared in the eyes of a six-years-old girl because what someone like Odette can see is always purer than what the rest of us can see.

'They never told me such things at school,' said Odette.

'And what did they teach you?'

'In my class,' the girl explained, 'we do nothing except slog through books'. She pointed to her bag, but there wasn't a single book in it. 'And then,' she continued, 'nobody wants to tell us for example where babies come from'.

'Ohohoh. Delicate matter!' Vito said.

Rosario made him shut up with another slap, then said that she'd explain it to her. The important thing was that she was asking questions and sooner or later she would find someone willing to give her the answers.

'Sure,' she said, 'a little sentimental education would do all of you good!'

At least Rosario, Odette thought, unlike that fool at Don Bosco, laughed every time she opened her mouth to speak, and hadn't yet told her that she would have to suffer in order to be happy. Rosario Rossi was a sane transmitter of pure joy. Speaking with her was like opening a white notebook and filling it with beautiful, colored words. Odette had never learned as much as she did that day. And the most interesting thing was that the notebook she was imagining didn't have either lines or squares, but was an infinite white to be filled with a subject as important as life.

The cat, an expert in invisible languages, let them carry on.

~

There wasn't a sister or any one of Vito's brothers to be found in the chapel. Vito was as excited as a little boy. He walked at the head of the group and, not turning around, provoked great curiosity. They were four curious adventurers surrounded by the mystery of Santa Caterina, who, before becoming a saint, must have once been a woman, a fascinating, mysterious woman, a great beauty of a woman, in short. Rosario was jealous of her. She watched him proceed, swaying like a boy, the same boy she had left in the Seventies, because of a stupid misunderstanding. She would have liked to speak to him, but the presence of the child held her back.

Vito stopped and gave a strange smile, which only Rosario knew. They were standing before the statue of the Virgin, which seemed to look at them the way statues do, with the presumptuous indiscretion of someone who knows all about your past and future. Probably, long before that odd little group gathered at her feet, the Virgin had already known how things would go. Another woman... All right, enough now!

Vito said, turning around: 'Here we are! I couldn't resist anymore'. He crouched down and slipped under the statue's cloak.

'You're nothing but a real bastard!' Rosario screamed. Odette was dying of laughter, 'What are you doing down there? What are you teaching this child? And don't you laugh! Men are all like that. You'll see when the time comes. They talk to you about love, they make you wait for thirty years and then they duck under the skirt of the first one they run into!'

Vito laughed, a laugh similar to the one triggered by a tickle you feel coming out of the shadows like echoes in an empty refrigerator. How would he have justified his behavior if one of his superiors had appeared? Rosario held that world in contempt because it had torn from her the man she loved. Odette looked around. Not a single sign came from beneath the skirt for a few seconds.

At a certain point, a cry of satisfaction, an orgasm, thought Rosario, disgusted. Vito came out, crawling, adjusted the lock of hair pasted to his forehead and lifted a small object showing it with pride. 'I found it! I thought they had lost it during the parade, instead it was still here!'

'You're a real crazy priest,' said Rosario. However, she was happy he hadn't betrayed her with the Virgin. 'What is it?' she then asked. In the end, Rosario, too, got excited at the sight of shiny objects.

'You are as fast and curious as a magpie,' Vito said to her while he analyzed the little black container that reflected the dim lights of the church.

Vito told Rosario the missing part of the story, then they joined Odette in the garden and forgot about the disgusting world of adults. After having talked about that object and everything that it represented, they decided to do something that would have repercussions not only for their lives but also for those of Morel, of Meli, and mine.

They played for the rest of the time and chased the cat around the fountain by the portico. Odette amused herself watching them run, both of them clumsy, the first because he couldn't see his feet over his belly, the second because of her high heels, and she laughed with the unconscious cheerfulness of her age. Vito too had found the courage to laugh again and was about to take the only important decision since they had met. A too-big step made him stumble. He fell in the water and didn't stop laughing then, either. Rosario and Odette, facing the smooth marble, made fun of him.

A little later, while she was helping him dry off, Rosario noticed something Odette and the cat hadn't been aware of. For the first time, after having spent so many years hiding, Vito was letting out a thick, dark head of hair that reminded her of something ancient, forgotten under layers of other memories. She smiled at him. He smiled at her. The brilliantine had dissolved and been carried away by the water.

Vito stared once again at the roofs of the houses and smiled at them, too.

Index

75727981R00064

Made in the USA
Columbia, SC
20 September 2019